IMUNIDADES TRIBUTÁRIAS DOS TEMPLOS E INSTITUIÇÕES RELIGIOSAS

CIP-BRASIL. CATALOGAÇÃO NA PUBLICAÇÃO
SINDICATO NACIONAL DOS EDITORES DE LIVROS, RJ

C299i
2. ed.

Carrazza, Roque Antonio
Imunidades tributárias dos templos e instituições religiosas / Roque Antonio Carrazza. - 2. ed., rev., atual. e ampl. - São Paulo : Noeses, 2023.

212 p. ; 23 cm.
Inclui bibliografia
ISBN 978-65-89888-94-9

1. Imunidade tributária - Brasil. 2. Templos - Brasil. 3. Instituições religiosas - Brasil. 4. Associações sem fins lucrativos - Brasil. I. Título.

23-83667 CDU: 34:336.221.4(81)

Gabriela Faray Ferreira Lopes - Bibliotecária - CRB-7/6643

Roque Antonio Carrazza

Professor titular da cadeira de Direito Tributário da Faculdade de Direito da Pontifícia Universidade Católica de São Paulo – PUC-SP. Advogado e Consultor Tributário. Mestre, Doutor e Livre-Docente em Direito Tributário pela PUC-SP. Professor dos Cursos de Bacharelado, Especialização, Mestrado e Doutorado da PUC-SP. Chefe do Departamento das Relações Tributárias, Comerciais e Econômicas da PUC-SP. Membro da União dos Juristas Católicos de São Paulo - UJUCASP. Ex-Presidente da Academia Paulista de Direito. Autor de diversas obras.

IMUNIDADES TRIBUTÁRIAS DOS TEMPLOS E INSTITUIÇÕES RELIGIOSAS

2ª edição revista, atualizada e ampliada

2023

editora e livraria
NOESES

Copyright © Editora Noeses 2023
Fundador e Editor-chefe: Paulo de Barros Carvalho
Gerente de Produção Editorial: Rosangela Santos
Arte e Diagramação: Renato Castro
Revisão: Georgia Evelyn Guzman
Designer de Capa: Aliá3 - Marcos Duarte

2023

editora e livraria
NOESES

Editora Noeses Ltda.
Tel/fax: 55 11 3666 6055
www.editoranoeses.com.br

Dedico esta obra aos meus queridos netos LAURA,
HELENA, ANGELINA, CAROLINA e ANTONIO,
encanto e alegria da minha vida.

PREFÁCIO

Roque Antonio Carrazza é jurista de reconhecimento nacional e internacional, com sólida obra doutrinária, veiculada no Brasil e no exterior, sobre direito tributário e constitucional.

Senti-me particularmente honrado ao receber o convite para prefaciar livro, que, pelo denso conteúdo e exaustiva análise de todos os aspectos relacionados à imunidade dos templos e instituições religiosas, dispensaria qualquer tipo de apresentação.

É, sem dúvida alguma, a melhor obra escrita sobre a matéria.

Sinto-me à vontade para manifestar tal convicção, pois, em quatro relevantes casos sobre imunidades tributárias de instituições de assistência social e educação, fui advogado, sustentando oralmente três deles, perante a Suprema Corte (ROMS 22.192, ROMS 22.630 - Igrejas Adventistas do Sétimo Dia - e ADIN 2028). Nos dois primeiros casos, após dois improvimentos no STJ por 8 votos a zero e cinco votos a três, na Seção de Direito Público, obteve meu escritório, por unanimidade, na 1ª Turma do STF, com relatorias dos Ministros Celso de Mello e Ilmar Galvão, o reconhecimento de que as instituições de assistência social de entidades religiosas gozam de imunidade constitucional e não apenas de isenção. No RE nº 325.822-2/SP (Diocese de Jales), a Suprema Corte passou a dar interpretação mais abrangente à imunidade dos templos de qualquer culto, para alcançar todo patrimônio, renda e serviços vinculados às finalidades essenciais das entidades religiosas (§ 4º, art. 150, CF), no sentido de que o § 4º do dispositivo constitucional serve de **vetor interpretativo** das alíneas "b" e "c" do inciso VI do art. 150 da CF, equiparando as hipóteses das alíneas referidas.

Quando as autoridades fiscais, ao tratarem do tema, falam em "renúncia fiscal", esquecem que, por ser a imunidade uma vedação constitucional ao poder de tributar, não podem renunciar ao que não têm. Ninguém renuncia a algo que não possui.

Por outro lado, na sustentação oral perante a Suprema Corte, na ADIN 2028, mostrei que, em verdade, se a lei à que se refere o artigo 150, inciso VI, letra "c" não ostenta o adjetivo "complementar" – imposição do artigo 146, inciso III, sendo, pois, ordinária federal, como pretende a Fazenda Nacional –, também não ostenta o adjetivo "federal". De rigor, quando o constituinte pretendeu que lei federal, na competência concorrente da União e Estados, prevalecesse sobre as leis estaduais, acrescentou o adjetivo, como se lê no § 3º do artigo 24 assim redigido: *"§ 3º Inexistindo **lei federal** sobre normas gerais, os Estados exercerão a competência legislativa plena, para atender a suas peculiaridades" (grifos meus).*

Ora, os que entendem que a lei teria que ser ordinária, pelo simples fato de faltar o adjetivo **complementar**, mas concordam que não poderia ser outorgada às mais de 5.600 entidades federativas, não conseguem justificar por que não consta da Lei Maior o adjetivo **federal**. Ora, o constituinte não fez menção a tratar-se de lei **complementar**, em face da clara desnecessidade de fazê-lo, à luz do artigo 146 inc. III que, SEM EXCEÇÕES, determina que:

> Art. 146. **Cabe à lei complementar**:
>
> (...)
>
> III - **estabelecer normas gerais em matéria de legislação tributária**, especialmente sobre:...." (grifos meus).

Todos estes aspectos e outros, pela primeira vez abordados em obra doutrinária no país, encontram-se no excelente livro de Roque Antonio Carrazza.

Tenho uma admiração sem limites pela forma clara de exposição de Roque. Fala por escrito. Quando discursa de improviso, nada precisa ser alterado. Sua palavra não é "indisciplinada", exigindo revisões posteriores para adequação vernacular. E seus livros refletem a extrema nitidez de suas manifestações e de suas ideias, alicerçadas sempre em sólida doutrina e fecunda criatividade. É um dos maiores juristas da atualidade.

O livro merece, pois, especial destaque e, num país que promulgou sua Constituição sob a "proteção de Deus" e incluiu, no texto, inúmeros dispositivos sobre a liberdade religiosa e a definição de seus valores, uma reflexão, como a de Roque, a respeito dos diversos aspectos tributários relacionados às instituições religiosas e seus templos, fazia falta. Seu livro, portanto, preenche lacuna que até agora, inexplicavelmente, apesar de alguns estudos esparsos, permanecia.

No melhor estilo coimbrão, "Bem-haja" a nova obra.

IVES GANDRA DA SILVA MARTINS

Professor Emérito das Universidades Mackenzie, UNIP, UNIFIEO, UNIFMU, do CIEE/O ESTADO DE SÃO PAULO, das Escolas de Comando e Estado-Maior do Exército - ECEME, Superior de Guerra - ESG e da Magistratura do Tribunal Regional Federal – 1ª Região; Professor Honorário das Universidades Austral (Argentina), San Martin de Porres (Peru) e Vasili Goldis (Romênia); Doutor *Honoris Causa* das Universidades de Craiova (Romênia) e da PUC-Paraná, e Catedrático da Universidade do Minho (Portugal); Presidente do Conselho Superior de Direito da FECOMERCIO - SP; Fundador e Presidente Honorário do Centro de Extensão Universitária – CEU-Escola de Direito/Instituto Internacional de Ciências Sociais – IICS.

SUMÁRIO

PREFÁCIO .... **VII**

INTRODUÇÃO **1**

1. AS IMUNIDADES TRIBUTÁRIAS **5**

1.1 Considerações gerais 5

1.2 A impossibilidade jurídica de serem ignoradas as situações de imunidade tributária 19

2. A IMUNIDADE TRIBUTÁRIA DOS TEMPLOS DE QUALQUER CULTO **23**

2.1 A noção jurídica de "culto" 74

2.2 Dos ganhos dos religiosos e do seu tratamento jurídico-tributário 81

3. A IMUNIDADE TRIBUTÁRIA DAS INSTITUIÇÕES DE EDUCAÇÃO E DE ASSISTÊNCIA SOCIAL, SEM FINS LUCRATIVOS (ART. 150, VI, C, DA CF) **95**

3.1 Prolegômenos 95

3.2 O alcance do tópico "atendidos os requisitos da lei" (art. 150, VI, c, "in fine", da CF) 128

3.3 Noção de "instituição de educação, sem fins lucrativos", ao lume dos arts. 23, V, 203, 209, 213 e 218, da CF. Importantes conclusões a tirar 151

4. A IMUNIDADE CONTEMPLADA NO ART. 195, § 7º, DA CF **159**

5. QUESTÕES CONEXAS **169**

6. OBSERVAÇÕES FINAIS **179**

7. CONCLUSÕES **181**

REFERÊNCIAS **193**

INTRODUÇÃO

Neste livro, trataremos das imunidades tributárias dos templos de qualquer culto e das instituições assistenciais e educacionais, sem fins lucrativos, por eles mantidas,[1] em ordem a responder, fundamentadamente, às seguintes questões, que nos foram propostas pela prestigiosa *União dos Juristas Católicos de São Paulo* (*UJUCASP*), por intermédio de seus ilustres dirigentes, os Professores Titulares e Eméritos Ives Gandra da Silva Martins e Paulo de Barros Carvalho:

1ª) As imunidades tributárias representam renúncia ao poder de tributar ou vedação a este poder?

2ª) Qual o conceito de *templos* para o gozo de imunidades tributárias?

3ª) Se a lei complementar é que definirá os requisitos para o gozo das imunidades, por força dos arts. 146, I; 150, VI, *c*; e 195, § 7º, da Constituição Federal, poderão tais requisitos objetivos ser definidos por meio de lei ordinária?

---

1. Tomaremos a locução "*instituições religiosas*", não no sentido restrito de sociedades em que os seus membros emitem votos perpétuos ou temporários e vivem, em comum, a vida fraterna, segundo os preceitos de sua Igreja, mas na acepção, mais ampla, de instituições de educação ou de assistência social, sem fins lucrativos, mantidas pelas confissões religiosas.

4ª) A versão de recursos públicos, nos termos do art. 213, da Constituição Federal, para entidades confessionais, comunitárias e filantrópicas confunde-se com imunidades tributárias – onde não há qualquer versão de recursos públicos –, na proibição de imposição tributária?

Para levarmos a bom termo nosso estudo, teceremos, ao lado de questões conexas, algumas considerações sobre: ***a)*** as imunidades tributárias e a impossibilidade jurídica de elas serem ignoradas; ***b)*** a imunidade tributária dos "*templos de qualquer culto*" (art. 150, VI, *b*, da *CF*) e o modo, juridicamente aceito, de se comprovar que atendem às suas finalidades essenciais (art. 150, § 4º, da *CF*); ***c)*** as imunidades tributárias das instituições de educação e de assistência social, sem fins lucrativos (art. 150, VI, *c*, da *CF*), bem como, os requisitos a serem cumpridos para seu desfrute; e, ***d)*** o significado e o alcance da imunidade contemplada no art. 195, § 7º, da Constituição Federal.

Adiantamos que, no desenvolvimento de nossas teses, procuraremos ser o mais possível didáticos, interessados que estamos em divulgar, para os estudantes de Direito e, mesmo, para o público em geral, o significado e o alcance das desonerações tributárias concedidas, pela Constituição da República Federativa do Brasil, aos templos de qualquer culto e às instituições religiosas.

Naturalmente, os juristas muito nos honrarão se lerem este livro, e fizerem chegar ao nosso conhecimento suas sempre preciosas observações críticas, pelas quais desde já agradecemos, pois elas sem dúvida contribuirão para o aperfeiçoamento de nossas teses.

Também não nos preocuparemos em ser, a cada passo, originais, pelo que buscaremos as lições dos grandes mestres, que sempre têm muito a nos ensinar. Isso, porém, está longe de significar que nada escreveremos de nosso, até porque não temos a intenção de apresentar, aos interessados no assunto, um dicionário de ideias prontas.

Registramos, enfim, que este será – parafraseando Michel de Montaigne[2] – um livro de boa-fé e, assim, nele diremos apenas o que acreditamos ser verdadeiro. Afinal, o pensamento vale pela verdade que contém ou, quando pouco, procura.

Com esse propósito, cerraremos fileiras ao lado daqueles que fazem Ciência do Direito Tributário, a qual, como qualquer ciência, só avança corrigindo seus próprios erros.

2. *Ensaios*, trad. de Sérgio Milliet, *in Os Pensadores*, São Paulo, Abril Cultural, 1980, p. 9.

1

AS IMUNIDADES TRIBUTÁRIAS

1.1 Considerações gerais

I- A Constituição da República Federativa do Brasil outorgou, às pessoas políticas (União, Estados-membros, Municípios e Distrito Federal), competências tributárias, vale dizer, aptidões jurídicas para instituir *in abstracto* tributos, descrevendo, legislativamente, suas *hipóteses de incidência*, seus *sujeitos ativos*, seus *sujeitos passivos*, suas *bases de cálculo* e suas *alíquotas*.[3]

Entretanto, as pessoas políticas somente podem criar os tributos que lhes são afetos, se os acomodarem aos respectivos escaninhos constitucionais, construídos por meio de regras positivas (que autorizam tributar) e negativas (que traçam os limites materiais e formais da tributação).

Entre estas regras negativas, permitimo-nos destacar as que cuidam das *imunidades tributárias*,[4] vale dizer, das

---

3. Para maior aprofundamento do assunto, v. nosso *Curso de Direito Constitucional Tributário*, Malheiros Editores, São Paulo, 34ª ed., 2023, pp. 638 a 800.

4. Em Atenas, na época de Péricles, grassou grave peste, que dizimou mais da metade da população. O próprio Péricles sucumbiu ao mal.
Em meio ao pânico, os atenienses perceberam estupefatos que alguns anciãos,

proibições (“***incompetências***”) para que os entes políticos onerem com exações fiscais certas pessoas, seja em função de suas naturezas jurídicas, seja porque coligadas a determinados fatos, bens ou situações.[5]

As imunidades tributárias encerram limitações,[6] postas na própria Constituição Federal, à ação estatal de criar tributos, justamente porque atendem a interesses maiores da sociedade.

Ia- Sendo mais específicos, as imunidades tributárias acarretam, nas situações por elas descritas no texto constitucional, a incompetência das pessoas jurídicas de direito público interno, para expedirem regras que tenham por objeto a tributação. Nem o legislador, nem o administrador fazendário, nem mesmo o juiz, podem torná-las inócuas; muito menos, diminuir-lhes o alcance ou suprimi-las.

Invocando o magistério sempre fecundo de Misabel Derzi temos que:

---

ainda que em contato direto com os pestosos, não contraíam a moléstia. Diante deste fato – que não conseguiam explicar, já que a Medicina da época desconhecia os anticorpos –, votaram uma lei, obrigando estes idosos a cuidarem dos doentes e, quando fosse o caso, a sepultá-los. Tais idosos eram conhecidos como “os *imunes*”. O vocábulo migrou para a antiga Roma, gerando o termo latino *immunitas*, com o sentido de guarda ou proteção contra um *munus*, vale dizer, um encargo público. A palavra também era empregada para indicar a desoneração do pagamento de tributos.

5. As imunidades encerram regras negativas de competência tributária, veiculadas no próprio texto constitucional. Não implicam cassação da faculdade de tributar, mas, apenas, lhe dão a fisionomia jurídica que o constituinte originário entendeu adequada, para que os valores que soberanamente consagrou (*v.g.*, a liberdade religiosa) não fossem prejudicados pela tributação. Nesse sentido, não é impróprio falar que tais regras negativas marcam, sobre certos fatos ou situações, a incompetência tributária das pessoas políticas, às quais impõem *deveres de omissão*.

6. O conceito jurídico de *limitação* foi bem precisado por Marco Aurélio Greco; *verbis*: “*As limitações (como seu próprio nome diz) têm função ‘negativa’, condicionando o exercício do poder de tributar, e correspondem a barreiras que não podem ser ultrapassadas pelo legislador infraconstitucional; ou seja, apontam para algo que o constituinte quer ver ‘não atingido’ ou ‘protegido’. Em suma, enquanto os princípios indicam um caminho a seguir, as limitações nos dizem para onde não seguir*” (“*Imunidade Tributária*”, *in Imunidades Tributárias* – obra coordenada por Ives Gandra da Silva Martins, Centro de Extensão Universitária/Editora Revista dos Tribunais, São Paulo, 1998, p. 710 – os grifos são do autor).

> Se tomarmos a palavra competência no sentido de poder tributário já delimitado (como pretende Paulo de Barros Carvalho), então a norma de competência é um conjunto que resulta da seguinte subtração: norma de atribuição de poder – norma denegatória de poder (imunidade). O que é preciso registrar é que as imunidades somente adquirem sentido e função, uma vez relacionadas com as normas atributivas de poder, cuja abrangência elas reduzem.[7]

Portanto, as regras de imunidade, defluindo diretamente da Carta Magna, sua única fonte,[8] contribuem para dar a conformação final das competências tributárias das pessoas políticas.[9] Ao fazê-lo, protegem da ação do próprio Poder Legislativo situações ou comportamentos que a ordem jurídica considera mais importantes do que o carreamento de dinheiro para os cofres públicos. Como corolário, impedem a ocorrência do *fato imponível tributário*, justamente porque vedam a criação da *hipótese de incidência* do tributo.

Por estabelecerem restrições à atividade legislativa, as regras de imunidade tributária envolvem aquilo que se convencionou chamar de "*limitações de conteúdo*". É que tais regras não impõem propriamente, ao Poder Legislativo, o dever de deixar de legislar, mas determinam que, qualquer legislação que as contrarie, será nula. No dizer expressivo de Herbert Hart, as "*limitações de conteúdo*" veiculam "*inabilitações jurídicas*" (*legal disabilities*) para disciplinar, de certo modo, determinados temas.[10]

---

7. *Notas de Atualização* ao livro *Limitações Constitucionais ao Poder de Tributar*, de Aliomar Baleeiro (Rio de Janeiro, Forense, 2010, 8ª ed., p. 378).

8. Concordamos com Renato Lopes Becho quando observa: "*... em matéria de imunidade, a primeira fonte é a Constituição Federal. Abaixo dela, a fonte jurídica da imunidade é o Poder Judiciário. Não há espaço, nessa matéria, para o desenvolvimento legislativo, o que significa dizer que a lei ou o processo legislativo não é fonte do direito em relação às imunidades*" (*Lições de Direito Tributário*, Saraiva, São Paulo, 3ª ed., 2015, p. 457).

9. José Souto Maior Borges ressalta, com propriedade, que a competência tributária nasce constitucionalmente limitada, inclusive pelas regras de imunidade (*Teoria Geral da Isenção Tributária*, Malheiros Editores, São Paulo, 3ª ed., 2011, pp. 217 e ss.).

10. *El Concepto de Derecho*, tradução de Genaro R. Carrió, Editora Nacional, Méxi-

Como se vê, as imunidades tributárias demarcam a extensão das regras constitucionais que permitem tributar e, deste modo, somente revelam sua extensão, significado e alcance, quando confrontadas com as normas constitucionais que outorgam, às pessoas políticas, competências tributárias.[11] A par disso, porque dotadas de forte carga axiológica, têm a propriedade de aumentar a eficácia de direitos fundamentais.[12]

Ib- Acrescentamos que, no contexto constitucional em foco, *imunidade* – *conforme* melhor veremos nas páginas subsequentes – é vedação absoluta ao exercício da tributação.[13] Diante de uma situação de imunidade, a pessoa política só tem um caminho a seguir: o da abstenção. Melhor dizendo, não pode criar legislativamente o tributo, nem, tampouco, lançá-lo, valendo-se de artifícios hermenêuticos. É o que, em inspirado lance, aduziu o Min. Celso de Mello, do Supremo Tribunal Federal; *verbis*:

> O exercício do poder tributário, pelo Estado, submete-se, por inteiro, aos modelos jurídicos positivados no texto constitucional, que, de modo explícito ou implícito, institui em favor dos contribuintes decisivas limitações à competência estatal para impor e exigir, coativamente, as diversas espécies tributárias existentes. (...)
>
> Desde que existem para impor limitações ao poder de tributar do Estado, esses postulados têm por destinatário exclusivo o poder estatal, que se submete à imperatividade de suas restrições.[14]

---

co, 1980, 2ª ed. (reimpressão), 1980, pp. 82 e ss.

11. Concordamos, pois, com Misabel Derzi, quando observa (*Limitações...*, pp. 376 a 378) que as regras de imunidade só ganham sentido ao serem cotejadas com as que permitem tributar.

12. Cf. Regina Helena Costa, *Imunidades Tributárias: teoria e análise da jurisprudência do STF*, Malheiros Editores, São Paulo, 2ª ed., 2006, p. 44.

13. Em razão disso, equivoca-se quem apregoa que a imunidade é renúncia, da pessoa política, ao direito (poder) de tributar. Tal renúncia já foi feita pelo povo brasileiro que, reunido em Assembleia Nacional Constituinte, editou a Constituição da República Federativa do Brasil. Portanto, como as regras de imunidade passam ao largo da competência tributária das pessoas políticas, estas não podem renunciar a direito que não possuem.

14. ADIn 712-MG, Rel. Min. Celso de Mello, DJ de 19.2.1993.

A essas oportunas observações permitimo-nos acrescer que as imunidades tributárias protegem os interesses maiores da sociedade. Não são meras benesses, mas salvaguardas, postas pela Constituição, contra a ação estatal de exigir determinados tributos, pelo que – calha insistir – ajudam a delinear o campo tributário das pessoas políticas.[15] Sendo proibitivas, exercem a *função de bloqueio*[16] de medidas tributárias que não foram desejadas pelo Constituinte Originário.

Ic- Evidentemente, por terem assento constitucional, as imunidades tributárias reclamam análise sob a exclusiva óptica da Carta Magna. Deveras, o alcance dessas desonerações fiscais não deve ser construído com base na normatividade infraconstitucional (*v.g.*, no Código Tributário Nacional), mas, apenas, com apoio na própria Constituição Federal, que há de ser entendida e aplicada de acordo com os *valores*[17] (segurança, liberdade, cidadania, solidariedade, educação, liberdade

---

15. Tal é a lição de Antônio Roberto Sampaio Dória; *verbis*: "*Imunidade não é favor. Não é liberação de alguns de um dever coletivo. É 'salvaguarda constitucional' imanente que politicamente estrutura um regime, definindo certas matérias, que reputa de vital relevância, e atraindo-as para sua esfera normativa, exclusiva. Nem, quando se trata de medida de repercussão tributária, agrava a repartição dos custos públicos para os que não se lhe inscrevem no círculo de destinatário. 'Em verdade, erigindo uma imunidade, a Constituição já delimita, assim, o campo de incidências tributárias originárias: noutros termos, a competência tributária outorgada constitucionalmente à União, Estados e Municípios sequer abrange certas pessoas, objetos ou atividades, excluídas que estão pela imunidade concedida (e por força de motivos que interessam à própria estrutura e imanência do regime), à margem do método de divisão das despesas públicas*'" ("*Imunidades tributárias e impostos de incidência plurifásica, não cumulativa*", *in Revista de Direito Tributário* nº 5, pp. 69/70).

16. Sobre a *função de bloqueio das normas proibitivas*, ver, de Tercio Sampaio Ferraz Jr., *Introdução ao Estudo do Direito: técnica, decisão, dominação* (Atlas, São Paulo, 4ª ed., 2003, p. 201).

17. *Valor* é um **querer da sociedade**, e sua relevância decorre do fato de aglutinar consensos. Para a Filosofia, é o objeto de preferência ou de escolha, e, bem por isso, "*digno de ser selecionado*" (Cícero, *De finibus*, III, 6, 20). Para Nicola Abbagnano, "*a melhor definição de valor é a que o considera como* ***possibilidade de escolha****, isto é, como uma disciplina inteligente das escolhas, que pode conduzir a eliminar algumas delas ou a declará-las irracionais ou nocivas, e pode conduzir (e conduz) a privilegiar outras, ditando a sua repetição sempre que determinadas condições se verifiquem*" (*Dicionário de Filosofia*, trad. de Alfredo Bosi e Ivone Castilho Benedetti, São Paulo, Martins Fontes, 2003, p. 993 – os grifos são do autor).

religiosa etc.) e *princípios*[18] (segurança jurídica, proporcionalidade, razoabilidade, dignidade da pessoa humana etc.) que ela consagra, muitos dos quais elencados já em seu *preâmbulo*.[19]

Aliás, no que tange aos valores, sua positivação, na Carta Magna, visa ao reconhecimento do Direito, não só como *forma*, mas, especialmente, como *conteúdo*. Deste modo, as normas constitucionais, inclusive as que veiculam imunidades tributárias, são dotadas de um *espírito todo próprio*, que deve nortear sua aplicação.

Id- As normas imunizantes impedem que as de tributação atuem, motivo pelo qual criam situações permanentes de não incidência, que, ao contrário do que se dá com as isenções tributárias, nem mesmo a lei pode anular. De fato, porque fruto de opções normativas exercitadas pelos representantes do povo brasileiro, reunidos em Assembleia Nacional Constituinte, devem irradiar efeitos, enquanto perdurar a atual Constituição Federal.

Ie- Afora essas ponderações, é aqui o lugar e azada a ocasião para encarecer que as imunidades tributárias: *a)* estão apontadas na Carta Magna e, nesta medida, não podem ser revogadas ou derrogadas por atos normativos de nível infraconstitucional; *b)* delimitam as competências das pessoas políticas para que criem *in abstracto* tributos; e, *c)* distinguem-se das isenções tributárias, que, tendo sede infraconstitucional, são passíveis de revogação ou derrogação, por meio de lei.

18. Em nosso *Curso*, definimos *princípio* como sendo "*um enunciado lógico, implícito ou explícito, que, por sua grande generalidade, ocupa posição de preeminência nos vastos quadrantes do Direito e, por isso mesmo, vincula, de modo inexorável, o entendimento e a aplicação das normas jurídicas que com ele se conectam*" (*op. cit.*, p. 45).

19. O preâmbulo, embora não integre o *corpus dispositivo* da Constituição Federal, veicula uma especial pauta hermenêutica, que serve para iluminar a inteligência das normas constitucionais. Com efeito, nele, o constituinte originário, por haver sintetizado os pontos capitulares do texto que iniciava sua vigência, deu valiosos subsídios para a interpretação doutrinária e jurisprudencial da Carta Magna.

II- Dando curso ao nosso raciocínio, temos que as imunidades tributárias – que alguns impropriamente definem como sendo "*hipóteses de não incidência tributária constitucionalmente qualificadas*"[20] – conferem, aos destinatários, direitos públicos subjetivos[21] de não serem compelidos a recolher tributos nos episódios que elas apontam. Dão às pessoas (físicas ou jurídicas) aquilo que poderíamos chamar de "garantia de não serem alvo de exações" (direito público subjetivo de não tributação), enquanto praticam certos atos jurídicos (v.g., realizam doações) ou se encontram em determinadas situações (v.g., são proprietários de imóveis urbanos).

Dessa forma, caso o ente tributante venha a atingir o patrimônio de pessoa imune, esta terá legitimação ativa para ingressar em juízo e pleitear a invalidade da pretensão.[22]

IIa- Destacamos, uma vez mais, que as normas imunizantes têm a função precípua de dar *forma definitiva* ao perfil das competências tributárias, já que as circunscrevem e, em consequência, as limitam. É o que anota Ruy Barbosa Nogueira, em bem dosada lição; *verbis*:

> Tais imunidades inscritas na Constituição são limitações ao próprio poder impositivo, expressas por meio de proibições ou exclusões de competência, não apenas para impedir a cobrança de impostos (...), mas vedação "a priori" da competência do legislador ordinário, expressamente inscrita na Constituição Federal,

20. O conceito nos parece equivocado, porque, em nosso ordenamento jurídico, nunca existiu atribuição de competências tributárias sobre as situações contempladas nas regras imunizantes. Na realidade, as competências tributárias já nasceram demarcadas pelo Texto Magno, inclusive por meio das regras de imunidade que ele alberga. Ademais, tais regras sempre incidem, justamente para impedir a tributação, nas hipóteses de que tratam.

21. *Direitos públicos subjetivos*, na lição escorreita de Riccardo Guastini, são os que derivam de normas que conferem, aos destinatários, direitos oponíveis ao Estado.

22. A regra imunizante confere, à pessoa física ou jurídica por ela alcançada, o direito público subjetivo de não sofrer a ação tributária do Estado, ou seja, de não ver seu patrimônio jurídico agredido *fora* do campo aberto à tributação.

> por meio de textos proibitivos, normativos e autoaplicáveis das "hipóteses negativas de atribuição de competência".[23]

De igual teor, as argutas observações de Paulo de Barros Carvalho; *verbis*:

> [Imunidade tributária é a] classe finita e imediatamente determinável de normas jurídicas, contidas no texto da Constituição da República, e que estabelecem, de modo expresso, a incompetência das pessoas políticas de direito constitucional interno para expedir regras instituidoras de tributos que alcancem situações específicas e suficientemente caracterizadas.[24]

IIb- Mas, as regras imunizantes, além de indicarem formalmente a incompetência do legislador ordinário (ou, em alguns casos, complementar[25]) para instituir tributos (evidentemente nas situações abarcadas por seus preceitos), conferem, por via reflexa, às pessoas, o direito fundamental de defesa, vale dizer, de bater às portas do Judiciário, para que este Poder, uma vez constatada a violação, fulmine a inconstitucionalidade.[26]

IIc- Daí podermos afirmar que as regras imunizantes têm *(i)* por *destinatários imediatos* os entes federativos,

---

23. *Imunidades – Contra Impostos na Constituição Anterior e sua Disciplina mais completa na Constituição de 1988*, Saraiva, São Paulo, 2ª ed., 1992, pp. 22 e 23.

24. *Direito Tributário, Linguagem e Método*, Editora Noeses, São Paulo, 3ª ed., 2009, p.363 (esclarecemos nos colchetes).

25. Demandam lei complementar, para serem validamente instituídos, os *empréstimos compulsórios* (cf. art. 148, da *CF*), os *impostos residuais* (cf. art. 154, I, da *CF*) e as *contribuições sociais* que criam novas fontes de custeio para a seguridade social (cf. art. 195, § 4º, da *CF*).

26. No mesmo sentido, Heleno Taveira Torres anota: "*Como normas constitucionais, as imunidades dirigem-se 'imediatamente' às unidades do federalismo e vinculam os legislativos e respectivas administrações tributárias ao exercício da tipicidade e dos atos administrativos sobre os fatos, as pessoas ou as situações tuteladas pelo ordenamento constitucional. Apenas 'mediatamente' as regras imunitárias reportam-se aos beneficiários, pela garantia de proteção dos direitos envolvidos*" ("Teoria da Norma de Imunidade Tributária e sua Aplicação às Entidades sem Fins Lucrativos", *in Direito Tributário e Ordem Econômica*, Quartier Latin, São Paulo, 2010, p. 160).

inibindo-lhes o exercício das competências tributárias, e *(ii)* por *destinatários mediatos*, as pessoas que elas indicam, que passam a ter o direito público subjetivo de não serem alvo de tributação, nas situações descritas no Diploma Maior.

III- Aprofundando o assunto, a *imunidade tributária*, mais do que uma singela hipótese de não incidência, decorrente da falta de lei criando "*in abstracto*" a figura exacional, é uma *proibição constitucional expressa*, para que determinadas pessoas venham a ser alvo de tributação.[27]

Dito de outro modo, quando a não incidência advém de um enunciado constitucional (expresso ou implícito[28]), que impede o legislador de exigir, de uma dada pessoa, determinado tributo, está-se diante de uma incontornável vedação ao poder de tributar, isto é, de uma imunidade tributária.

Deveras – é sempre oportuno proclamar –, as imunidades tributárias, por defluírem direta e imediatamente do Diploma Supremo, não podem ser desconstruídas nem pelas leis (complementares ou ordinárias), nem, muito menos, pelos atos administrativos.

IV- Os preceitos imunizantes fixam, por assim dizer, a *não competência* (***incompetência***) dos entes políticos para onerarem com tributos, certas pessoas, *(i)* em função de sua natureza jurídica (*v.g.*, instituição assistencial sem fins lucrativos), *(ii)* enquanto realizam determinada operação jurídica (*v.g.*, a

---

27. Embora a doutrina tradicional classifique as imunidades em *subjetivas*, *objetivas* e *mistas*, conforme se refiram a *pessoas*, a *coisas* ou a *ambas*, em termos técnico-jurídicos, são sempre *subjetivas*, já que invariavelmente beneficiam pessoas, quer por sua natureza jurídica, quer pela relação que guardam com determinados fatos, bens ou situações.

28. Temos para nós que existem, no texto constitucional, *imunidades implícitas*. São, a nosso ver, as que decorrem de direitos fundamentais, cujo exercício não pode ser obstaculizado, nem mesmo por meio da tributação. É o caso da imunidade ao imposto sobre a renda da pessoa física, de quem recebe apenas o *salário-mínimo* (art. 7º, IV, da *CF*), quantia que por garantir o *mínimo vital* do trabalhador e de sua família, prestigia o *princípio da dignidade da pessoa humana*, e, por isso, não deve ser considerada *rendimento tributável*.

venda de livros), ou *(iii)* por se encontrarem em dada situação jurídica (*v.g.*, a de proprietário de pequena gleba rural, que, não possuindo outro imóvel, a explore).

É o que também ensina José Souto Maior Borges; *verbis*:

> A regra jurídica de imunidade insere-se no plano das regras negativas de competência. O setor social abrangido pela imunidade está fora do âmbito da tributação. Previamente excluído, como vimos, não poderá ser objeto de exploração pelos entes públicos.[29]

Portanto, a lei, ao descrever a norma jurídica tributária, não pode, sob pena de manifesta inconstitucionalidade, colocar certas pessoas na contingência de recolher *aqueles* tributos indicados na Carta Suprema. Evidentemente, também não o pode fazer a Administração Fazendária, que, ao interpretar e aplicar a lei, vê-se duplamente compelida a levar em conta os ditames constitucionais.

V- Remarcamos que as normas constitucionais que veiculam imunidades contribuem para traçar os lindes das competências tributárias, ou seja, demarcam o campo tributário que as pessoas políticas estão autorizadas a percorrer. Nesse sentido, são *normas de estrutura*, também chamadas *normas de sobredireito (Überrecht)*, ou seja, normas que dispõem sobre a produção, a modificação e a extinção de outras normas do sistema jurídico.[30]

Expondo a ideia sob outro prisma, a norma de imunidade tributária restringe a regra-matriz constitucional do tributo,

---

29. *Isenções Tributárias*, Sugestões Literárias, S. Paulo, 1ª ed., 1969, p. 209 - os grifos são do autor.

30. Para Norberto Bobbio, *normas de estrutura*, também chamadas *normas de competência*, "*são aquelas normas que não prescrevem a conduta que se deve ter ou não ter, mas as condições e os procedimentos através dos quais emanam normas de conduta válidas*" (*Teoria do Ordenamento Jurídico*, Polis/UnB, Brasília, trad. de Maria Celeste Cordeiro Leite dos Santos, 6ª ed., 1995, p. 33).
Lembramos que as normas de estrutura diferem das *normas de conduta* (ou *de comportamento*) que, como a própria expressão sinaliza, regulam as relações intersubjetivas, vale dizer, as ações interpessoais.

impedindo que ele seja criado *in abstracto* e, por maior razão, exigido *in concreto*, na situação nela descrita. Exemplificando, há uma norma constitucional cujo enunciado deve ser traduzido nos seguintes termos: "a União tem competência para tributar os rendimentos auferidos pelas pessoas físicas e jurídicas".[31] Entretanto, há outra norma constitucional, que, devidamente interpretada, estatui: "não se consideram rendimentos, para fins de tributação específica, os acréscimos patrimoniais obtidos pelos templos de qualquer culto".[32]

Nessa linha, a imunidade é uma barreira constitucional, que nem mesmo a lei (federal, estadual, municipal ou do Distrito Federal) pode derrubar, a impedir que, em determinadas situações, pessoas sejam alcançadas pela tributação.

VI- Impende assinalar, sempre nesse domínio, que os preceitos constitucionais respeitantes às imunidades tributárias das pessoas físicas ou jurídicas, conferem-lhes garantias fundamentais e, bem por isso, diretamente aplicáveis, proibindo, de modo inafastável, a União, os Estados-membros, os Municípios e o Distrito Federal, de sujeitá-las à tributação.

Tais preceitos são, em suma, *de eficácia plena e aplicabilidade imediata*, independendo, pois, para produzirem seus regulares efeitos, da edição de normas inferiores, que lhes explicitem o conteúdo.[33] Seus comandos endereçam-se tanto ao legislador (que editará normas de alcance geral e, neste sentido, executará mandamentos da Lei Maior), como ao juiz e ao administrador público (que aplicarão, aos casos concretos, estas mesmas normas de caráter geral, se e enquanto estiverem conformes à Constituição Federal).

---

31. Adaptação do art. 153, III, da Constituição Federal.

32. Adaptação do art. 150, VI, *b*, da Constituição Federal.

33. José Carlos Vieira de Andrade leciona que, em relação a tais normas, o "*seu conteúdo é ou deve ser concretizado ao nível da Constituição, em última análise por intermédio de uma interpretação criadora*" (*Os direitos fundamentais na Constituição Portuguesa de 1976*, Livraria Almedina, Coimbra, 1998, p. 140).

Aliás, vem ao encontro de nosso entendimento o § 1º, do art. 5º, da Constituição Federal, que estipula terem aplicação imediata "*as normas definidoras dos direitos e garantias fundamentais*".

VII- Logo, desobedecer a uma regra de imunidade equivale a incidir em inconstitucionalidade. Ou, parafraseando Aliomar Baleeiro, "*as imunidades tornam inconstitucionais as leis ordinárias que as desafiam*".[34]

Aproveitando o mote, permitimo-nos acrescentar: *as imunidades tornam duplamente inconstitucionais as manifestações interpretativas e os atos administrativos que as desafiam.*

De fato, se nem a lei pode anular ou restringir as situações de imunidade contempladas na Constituição, por muito maior razão não o poderão fazer o intérprete e o aplicador das normas tributárias.

> Em suma, criar tributos, só a lei pode;
> violar imunidades tributárias, nem ela pode.

VIII- Por isso tudo, a interpretação, vale dizer, a construção do sentido dos preceitos imunizantes,[35] há de ser *ampla e generosa* (Geraldo Ataliba), já que eles expressam a vontade do constituinte originário de preservar, da tributação, *valores* de particular significado político, social, religioso, econômico etc. Noutros torneios verbais, as normas constitucionais que tratam do assunto devem ser interpretadas sistemática e teleologicamente e da forma mais ampla possível (interpretação extensiva), em sintonia, de resto, com a regra "*in dubio pro immunitatem*". Nenhum artifício poderá ser criado, pelo

34. *Direito Tributário Brasileiro*, Forense, Rio de Janeiro, 1ª ed., 1970, p. 87.

35. Observamos, com Ludwig Wittgenstein, (Investigações Filosóficas, tradução de José Carlos Bruni, *in Os Pensadores*, São Paulo, Abril Cultural, 1979, pp. 33 a 55), que a interpretação não é a simples extração do conteúdo do texto normativo, mas um ato de construção do seu sentido.

legislador, em ordem a costear a *voluntas constitutionis*, com seus princípios e postulados.

Maiormente, o exegeta e o aplicador devem identificar o bem jurídico tutelado pela imunidade tributária, e optar pela interpretação que melhor o garanta.

Anote-se que esta postura mais e mais se justifica, em se considerando que as imunidades tributárias invariavelmente visam a assegurar princípios fundamentais ao regime, evitando que sofram as interferências e as perturbações da tributação.

Além disso, a consagração, pelo texto constitucional, de imunidades tributárias, é, invariavelmente, a consequência lógica de um direito fundamental. Assim, para salvaguardá-lo, pedem interpretação extensiva. Nessa linha, temos o voto do Min. Dias Toffoli, que, no julgamento do RE 38509-DF, afirmou: "*A imunidade é uma garantia constitucional outorgada pela Carta Política ao jurisdicionado. É um direito fundamental que deve, com tal predicação, ser interpretado extensivamente*".[36]

Também em outros julgados,[37] o Pretório Excelso acolheu a tese de que as imunidades tributárias devem receber interpretação extensiva e teleológica.

IX- Muito bem. De acordo com a maior ou menor amplitude das imunidades tributárias, estas se dividem em *(i)* **genéricas** (*v.g.*, as apontadas no art. 150, VI, da *CF*, que alcançam todos os impostos) e **específicas** (*v.g.*, as apontadas no art. 155, § 2º, X, *a* a *d*, da *CF*, que alcançam apenas o *ICMS*).

Entretanto, *genéricas* ou *específicas*, as imunidades sempre excluem da competência tributária as pessoas a que se referem. E, ao fazê-lo, veiculam direitos fundamentais, que, por integrarem o núcleo intangível da Constituição

36. STF 1ª Turma, Rel. Min. Dias Toffoli, maioria de votos, vencido o Min. Marco Aurélio, j. 6.08.2013, DJE 14/08/2013.

37. Por exemplo, no julgamento do pedido de liminar na ADIn nº 2.028-5.

(*Verfassungskern*), não podem ser anulados, nem mesmo por meio de emendas constitucionais (cf. art. 60, § 4º, IV, da *CF*[38]).

IXa- Não ignoramos que tem prevalecido o entendimento – do qual, *data venia*, discrepamos[39] – de que as regras de imunidade que não põem em risco o federalismo, nem consagram direito ou garantia fundamental, mas, apenas, delimitam a competência tributária da pessoa política, numa dada situação, são *impróprias* e, portanto, podem ser restringidas ou até suprimidas, por meio de emendas constitucionais.[40]

Todavia, mesmo que se aceite este modo de pensar, é incontestável que, quando a imunidade tributária prestigia *valores* consagrados na Constituição Federal, não há espaço jurídico para emendas constitucionais[41] que os fragilizem,

---

38. Constituição Federal – "*Art. 60 ('omissis') (...) § 4º. Não será objeto de deliberação a proposta de emenda tendente a abolir: (...) IV- os direitos e garantias individuais*".

39. Temos para nós que as regras imunizantes criam situações de não incidência tributária que não podem ser ilididas; não, pelo menos, enquanto o Texto Magno não for alterado por novo "*poder constituinte originário*". É que tais normas envolvem, sem exceção, "*cláusulas pétreas*", e, por isso, sua eventual revogação viola direito fundamental e rompe a ordem constitucional vigente.

40. Para este segmento doutrinário, as imunidades impróprias, porque meras garantias de não tributação, para situações específicas, não estão protegidas contra eventuais mudanças constitucionais. Nessa direção decidiu o Supremo Tribunal Federal; *verbis*: "*IMUNIDADE. ART. 153, § 2º, II, DA CF/88. POSSIBILIDADE. 1. Mostra-se impertinente a alegação de que a norma do art. 153, § 2º, II, da Constituição não poderia ter sido revogada pela EC nº 20/98 por se tratar de cláusula pétrea. 2. Esta norma não consagrava direito ou garantia fundamental, apenas previa a imunidade do imposto sobre a renda a um determinado grupo social. Sua supressão do texto constitucional, portanto, não representou a cassação ou o tolhimento de um direito fundamental e, tampouco, um rompimento da ordem constitucional vigente. 3. Recurso extraordinário conhecido e improvido*" (RE nº 372.600, 2ª Turma, Relatora: Ministra Ellen Gracie. Julgado em 16.12.2003, DJU de 23.04.2004).

41. As emendas constitucionais são editadas no exercício do poder constituinte reformador (ou *poder constituinte derivado*, como preferem alguns) e destinam-se a modificar a Constituição em vigor, seja alterando o conteúdo de disposições nela existentes, seja acrescentando-lhe ou suprimindo-lhe artigos, parágrafos, incisos ou alíneas. No caso brasileiro, tal poder é *constituído*, porquanto seu exercício deve obedecer a prescrições inseridas na própria Constituição Federal, do que decorre que a ela está subordinado. E nem poderia ser de outro modo, já que se manifesta por meio do Congresso Nacional, que é um órgão constituído e, não, constituinte.
Em apertada síntese, as emendas constitucionais devem ser aprovadas em votação

restrinjam ou, pior, anulem. Naturalmente, isso também não pode ser feito por meio de atos normativos infraconstitucionais ou interpretações "*muito a propósito*". Enfim, as situações de imunidade tributária jamais podem ser ignoradas.

Tal nosso próximo assunto.

1.2 A impossibilidade jurídica de serem ignoradas as situações de imunidade tributária

I- Voltamos a afirmar que as imunidades tributárias não tratam da fenomenologia da incidência. Pelo contrário, operam antes deste momento, até porque, como vimos, antecedem o próprio exercício, pelas pessoas políticas, das respectivas competências para criar tributos.

Ora, os entes políticos, não podendo tributar pessoas imunes, não têm por que as isentar. Também não lhes é dado ignorar ou costear situações de imunidade tributária, nem, tampouco, atropelar, por meio de interpretações restritivas, os comandos constitucionais que tratam do assunto.

Convém termos presente, ainda, que o louvável objetivo de evitar a evasão fiscal não tem força jurídica bastante para anular o direito constitucional dos contribuintes, de verem respeitadas as imunidades tributárias que os favorecem.

Insistimos que as imunidades tributárias possuem assento constitucional e, deste modo, seu alcance não pode ser amesquinhado, nem muito menos destruído, por normas infraconstitucionais.[42]

---

bicameral (Senado e Câmara dos Deputados) e em dois turnos, com *quorum* qualificado (com o voto favorável de pelo menos três quintos dos senadores e deputados federais) e desde que obedecidas limitações materiais e formais, expressas e implícitas, postas na Carta Suprema, conhecidas pela expressão técnica "cláusulas pétreas". Disto tudo decorre que as emendas constitucionais podem ter questionada sua validade perante a Constituição Federal. Noutras palavras, podem ter sua inconstitucionalidade decretada, evidentemente pelas vias processuais adequadas.

42. O contrário se dá com as isenções tributárias, que podem ser concedidas ou

II- A propósito da realidade brasileira, calham bem estas argutas observações de Josaphat Marinho; *verbis*:

> A ampliação excessiva de normas tributárias nas Constituições mutila a competência do legislador ordinário... A Constituição brasileira é manifestamente ampla e rígida na disciplina do sistema tributário, e por isso mesmo restritiva da competência do legislador ordinário.[43]

Tudo converge, pois, no sentido de que as imunidades tributárias, plasmadas pela Constituição, não podem ser neutralizadas, nem pela lei, nem, muito menos, por quem a aplica (de ofício ou contenciosamente).

III- Aqui chegados, é o caso de lembrar a velha fórmula positivista, qual seja, a de que pessoa é imune à tributação porque o Constituinte Originário o quis e, não, por força de um favor legal ou de um entendimento fazendário benevolente.

Em razão disso, mostram-se improsperáveis quaisquer linhas argumentativas ou atos normativos infraconstitucionais que tenham em mira reverter, ainda que de modo parcial, as vantagens que as imunidades tributárias trazem aos contribuintes.

IV- É certo que a imunidade tributária de algumas pessoas tende a sobreonerar outras. Isso, porém, não implica quebra da isonomia, porque o povo brasileiro, reunido na Assembleia Nacional Constituinte que promulgou a Carta de 1988, teve a cautela de desonerar do ônus de contribuir para os gastos públicos as pessoas físicas ou jurídicas que, por suas deficiências ou pela relevância das atividades que desempenham, merecem especial proteção do Estado.

---

suprimidas pelas pessoas políticas, por meio de lei. Portanto, isenção é renúncia ao exercício da competência tributária. Ao isentar, a pessoa política, atendendo a objetivos que considera relevantes, deixa de tributar ou o faz de forma mais mitigada e, nessa medida, não exaure ou restringe sua competência tributária.

43. "*Princípios Constitucionais Tributários*", *in Estudos de Direito Público em Homenagem a Aliomar Baleeiro*, Editora Universidade de Brasília, Brasília, 1976.

Não bastasse isso, as imunidades tributárias também concretizam a Justiça Fiscal, porquanto colaboram decisivamente para assegurar direitos fundamentais, como, entre outros, o bem-estar social, a educação, a saúde e o acesso à cultura, bem assim a liberdade de informação, de expressão, de pensamento e de culto.

Muito bem, agora que estendemos este vasto pano de fundo, podemos estudar – o que faremos de modo sucessivo – as situações de imunidade dos "*templos de qualquer culto*" (art. 150, VI, *b*, da *CF*), das "*instituições assistenciais sem fins lucrativos*" (art. 150, VI, c, da *CF*) e das "*entidades beneficentes de assistência social*" (art. 195, § 7º, da *CF*).

ESQUEMA-RESUMO – CAPÍTULO 1

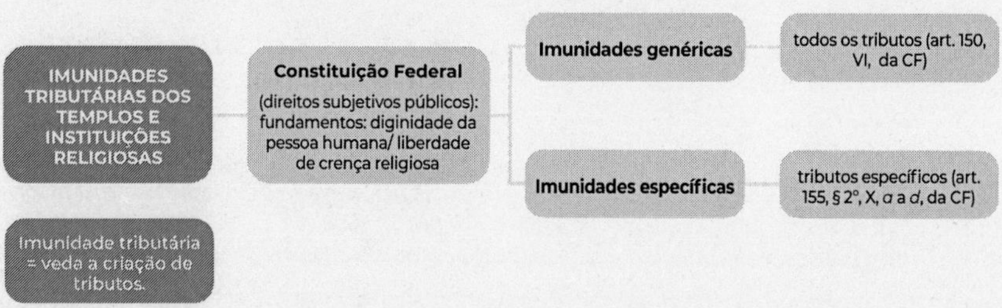

2

A IMUNIDADE TRIBUTÁRIA DOS TEMPLOS DE QUALQUER CULTO

I- O sentimento religioso é uma das características mais impressionantes do ser humano. Tanto isso é certo, que a maioria das pessoas crê na existência de um ser transcendental, que criou o Universo e dá sentido às suas vidas. Também acredita possuir uma alma imortal, vale dizer, que sobrevive após a morte.[44]

Essas verdades evidentes não passaram despercebidas ao nosso constituinte. Tanto não, que ele, em vários dispositivos da Carta Magna, prestigiou a liberdade religiosa,[45] mais até do

---

44. Algumas religiões acreditam na reencarnação, quer em seres humanos, quer em animais, quer até em objetos; outras, que a alma do morto, dependendo do tipo de vida que levou, será premiada ou castigada eternamente; outras, ainda, que há planos espirituais, que a alma deve ir galgando, até chegar à perfeição, quando então estará em comunhão eterna com o Criador do Universo. Enfim, há religiões de todos os tipos, igualmente respeitadas, na maioria dos países, a começar pelo nosso.

45. A liberdade religiosa foi um dos primeiros direitos fundamentais a serem reconhecidos no mundo, manifestando-se, inicialmente, na proibição de os Estados imporem, às pessoas, uma religião oficial.
Com o passar do tempo, tal liberdade foi sendo ampliada, como na Declaração Universal dos Direitos Humanos, de 1948, que, em seu art. 18, assegura a todos o direito de professar qualquer religião, "isolada ou coletivamente, em público ou em parti-

que fez com as demais liberdades constitucionais. Disciplinou, ainda, o relacionamento entre o Estado e a Igreja, de modo a garantir que ela encontrasse espaço para a sua sobrevivência, a realização de seus cultos e a difusão de suas doutrinas.

Ao mesmo tempo, vedou quaisquer discriminações, em função da religião que as pessoas professam, com o que reforçou o magno princípio da igualdade,[46] uma das vigas-mestras de nosso Estado Democrático de Direito.

II- É bem verdade que a Constituição brasileira determinou a separação entre o Estado e a Igreja. Não proibiu, porém, que, em um clima de cooperação, conjuguem esforços, tendo em vista o superior interesse público e a concretização

---

cular", bem assim de adotar outra.
A partir daí, ocuparam-se com o assunto vários tratados internacionais, merecendo destaque a Declaração sobre a Eliminação de Todas as Formas de Intolerância e Discriminação Fundadas na Religião ou nas Convicções, de 1982, que, em seu art. 3º, considera uma ofensa à dignidade humana e uma negação dos princípios da Carta das Nações Unidas, a "*discriminação entre os seres humanos por motivos de religião ou de convicção*".
Também é digno de nota, a esse respeito, o Pacto Internacional sobre Direitos Civis e Políticos, cujo art. 18, entre outras medidas, garante a todas as pessoas a liberdade de pensamento, de consciência e de religião.
Todos esses tratados internacionais foram firmados e ratificados pelo Brasil, encontrando-se, pois, incorporados ao nosso direito interno.

46. O *princípio da igualdade*, também chamado *princípio da isonomia* (equivalência de regras), encontra-se veiculado no art. 5º, *caput* e inciso I, da Constituição Federal, pelo qual "*todos são iguais perante a lei, sem distinção de qualquer natureza, garantindo-se aos brasileiros e aos estrangeiros residentes no País a inviolabilidade do direito à vida, à liberdade, à igualdade, à segurança e à propriedade*".
É o mais importante de quantos nosso ordenamento constitucional alberga. Realmente, todos os princípios que estão na Constituição (o *princípio da legalidade*, o *princípio da universalidade da jurisdição*, o *princípio da ampla defesa* etc.) encontram-se a serviço do princípio da igualdade e, sem ele, não se explicam com a necessária densidade de exposição teórica.
Podemos, pois, dizer que o princípio da igualdade estende seus efeitos sobre todas as normas constitucionais e, *a fortiori*, sobre todas as demais regras jurídicas, legais e infralegais. Também alcança os três Poderes do Estado (o Legislativo, o Executivo e o Judiciário) e as pessoas, físicas ou jurídicas, que nele se encontram.
Especificamente em matéria tributária, o art. 150, II, da Constituição Federal, proíbe as pessoas políticas de discriminar contribuinte que se encontrem na mesma situação jurídico-econômica, com o que garantiu a Justiça Fiscal.

dos objetivos fundamentais da nossa República, plasmados no art. 3º, da Constituição Federal.[47]

Ademais, concedeu às Igrejas uma série de vantagens, entre as quais se destaca a de não poderem ser alvo de tributação por meio de impostos e de exações a eles equiparadas. Com a adoção dessa medida, buscou assegurar a liberdade de culto e, com ela, a sobrevivência de todas as confissões religiosas.

Então, vejamos.

III- Estatui o art. 150, VI, *b*, da Constituição Federal:

> Art. 150. Sem prejuízo de outras garantias asseguradas ao contribuinte, é vedado à União, aos Estados, ao Distrito Federal e aos Municípios: (...)
>
> VI- instituir impostos sobre: (...)
>
> b) templos de qualquer culto.[48]

Numa primeira aproximação, deve-se entender por *templos*, não apenas os edifícios do culto, como todas as instalações, inclusive as a eles anexas, desde que correlacionadas às práticas religiosas. Com verdade, como adiante se demonstrará,[49] a locução "*templos de qualquer culto*" tem o significado de *Igrejas*.

Esta imunidade – convém de logo destacar – representa a extensão do direito fundamental à *liberdade de consciência e de crença*, consagrado no art. 5º, incisos VI, VII e VIII, da Constituição Federal; *verbis*:

---

47. Constituição Federal: "*Art. 3º Constituem objetivos fundamentais da República Federativa do Brasil: I- construir uma sociedade livre, justa e solidária; II- garantir o desenvolvimento nacional; III- erradicar a pobreza e a marginalização e reduzir as desigualdades sociais e regionais; IV- promover o bem de todos, sem preconceitos de origem, raça, sexo, cor, idade e quaisquer outras formas de discriminação*".

48. Historicamente, tal imunidade tributária origina-se de um pacto, celebrado à época dos grandes descobrimentos portugueses, entre D. Manoel, o Venturoso, e a Ordem de Cristo, pelo qual essa poderosa instituição religiosa financiaria as expedições ao Novo Mundo, mas, em contrapartida, teria facilitada a difusão da doutrina da Igreja Católica Apostólica Romana, nas novas terras do Império.

49. *Infra*, subitem *VI-a*.

> Art. 5º. Todos são iguais perante a lei, sem distinção de qualquer natureza, garantindo-se aos brasileiros e aos estrangeiros residentes no País a inviolabilidade do direito à vida, à liberdade, à igualdade, à segurança e à propriedade, nos termos seguintes: (...)
>
> VI- é inviolável a liberdade de consciência e de crença, sendo assegurado o livre exercício dos cultos religiosos e garantida, na forma da lei, a proteção aos locais de culto e a suas liturgias;
>
> VII - é assegurada, nos termos da lei, a prestação de assistência religiosa nas entidades civis e militares de internação coletiva;
>
> VIII - ninguém será privado de direitos por motivo de crença religiosa ou de convicção filosófica ou política, salvo se as invocar para eximir-se de obrigação legal a todos imposta e recusar-se a cumprir prestação alternativa, fixada em lei.

A *ratio essendi* desses dispositivos é garantir, a todas as pessoas, sua religiosidade e, mais do que isso, permitir que a divulguem e manifestem livremente. A Constituição conferiu-lhes a titularidade ativa do direito à ampla e irrestrita liberdade religiosa.[50] Assim, qualquer medida, seja legislativa, seja administrativa, que, sem razão plausível, anule ou tolha a liberdade de culto, padecerá de inconstitucionalidade.[51]

Razoável especular que a imunidade em questão foi a fórmula encontrada pelo constituinte originário para proteger a

---

50. Nunca é demais lembrar, com Ricardo Lobo Torres, que "é por intermédio das imunidades que as liberdades se afirmam como direitos absolutos diante do poder tributário" (*Os Direitos Humanos e a Tributação – Imunidades e Isonomia*, Renovar, Rio de Janeiro, 1995, p. 50).

51. Concordamos com Ives Gandra da Silva Martins quando sustenta a inconstitucionalidade da aplicação, pura e simples, do art. 276 da Lei 9.503/1997 (Código de Trânsito Brasileiro) contra os sacerdotes católicos que, no exercício de suas atividades pastorais (*v.g.*, para ministrar os sacramentos a fiéis hospitalizados), dirigirem seus automóveis, após ingerirem pequenas quantidades de vinho durante a celebração da missa. Este dispositivo, com a redação dada pela Lei 12.760/2012, prescreve severas sanções (as previstas no art. 165 da Lei 9.503/1997) ao condutor do veículo automotor que apresentar "*qualquer concentração de álcool por litro de sangue ou por litro de ar alveolar*".
Argumenta o douto Jurista que a penalização, nestas circunstâncias, do sacerdote católico, representa "*cerceamento de sua ação pastoral*", a impor a decretação da inconstitucionalidade da norma, "*sem redução do texto legal, que seria mantido, exceto nessa hipótese*" ("Álcool, tolerância zero e Constituição", *in Diário do Comércio*, ed. de 5.2.2013).

liberdade de culto,[52] já que nosso sistema republicano de governo inadmite que as Igrejas instituam e arrecadem impostos dos seus fiéis,[53] bem como que os entes tributantes, por meio de transferências orçamentárias, as favoreçam com subsídios financeiros.

IV- Acrescentamos que a liberdade religiosa, uma das manifestações dos direitos humanos em sociedade, tem três dimensões: individual, social e política. Com efeito, abrange *(i)* o direito de ter convicções sobre assuntos espirituais (dimensão individual), *(ii)* o direito de manifestá-las livremente (dimensão social) e *(iii)* o direito à objeção de consciência (dimensão política).

Desenvolvendo a ideia, o *direito de ter convicções* protege o foro íntimo das pessoas, permitindo que cultivem, sem nenhum empeço, material ou moral, suas crenças religiosas.

Já, o *direito de manifestar suas convicções* garante a todas as pessoas, individual ou coletivamente, em público ou em caráter privado (inclusive na prisão[54]), exercitar o culto, com seus dogmas e liturgias,[55] e ensiná-los, sem vir sofrer, por isso, quaisquer constrangimentos ou danos.[56]

---

52. Na Idade Média, a desoneração tributária era de rigor e funcionava como uma forma de limitação do poder real. Embora, nos primórdios alcançasse apenas a Igreja Católica, com o tempo, especialmente após o advento do liberalismo, a proteção estendeu-se, na maioria dos países, a todos os cultos.

53. Na Alemanha, pelo contrário, apesar de lá também vigorar a separação entre o Estado e a Igreja, a ordem constitucional permite que ela cobre impostos (*Kirchensteur)* dos fiéis (art. 137, VI, da Constituição de Weimar, convalidado pelo art. 140, da atual Lei Fundamental).

54. Evidentemente, o detento, apesar de seu direito fundamental à liberdade religiosa, terá que suportar as limitações inerentes à condenação e às exigências próprias de sua execução. Não poderá, por exemplo, dirigir-se livremente ao templo de sua preferência, nem participar de procissões ou romarias. São as decorrências lógicas da própria privação da liberdade física a que, em razão da condenação criminal, está submetido.

55. Anote-se que, em nosso País, a liberdade religiosa não é apenas uma "questão privada", mas um direito fundamental, garantido pela Constituição.

56. Este direito pode ser restringido, motivadamente (portanto, com possibilidade de controle judicial), por razões de ordem, saúde ou segurança pública, mas sempre com base em lei.

Por fim, o *direito à objeção de consciência* concede, ao indivíduo, a faculdade de, em nome das suas convicções espirituais, subtrair-se às obrigações legais (*v.g.*, ao serviço militar obrigatório), sem sofrer qualquer tipo de sanção, a menos que se recuse "*a cumprir prestação alternativa, fixada em lei*" (art. 5º, VIII, da *CF*).

Vai daí que não pode haver nenhuma forma de discriminação (*princípio da não discriminação*)[57] fundada nas convicções religiosas das pessoas. Exige-se, da parte do Estado, uma postura proativa, capaz de garantir, a cada indivíduo, a opção de, sem qualquer prejuízo ou ameaça, adotar, ou não, uma religião[58] ou, se entender oportuno, passar a professar outra.

Em suma, a Constituição Federal tratou de garantir às pessoas, inclusive por meio da imunidade tributária em tela, o direito de se elevarem espiritualmente, cultuando a divindade que quiserem e da forma como bem o desejarem, desde que, ao fazê-lo, não cometam ilícitos, nem adotem comportamentos que violem nosso Estado Democrático de Direito. Também lhes assegurou o direito de, sem se submeterem a impostos, fazer proselitismo religioso, ou seja, a busca ativa por novos

---

57. Ana Maria Guerra Martins tece oportunas considerações acerca do *princípio da não discriminação*; *verbis*: "*Este princípio baseia-se na igualdade de todos os seres humanos e é uma decorrência da igual dignidade de todos os seres humanos". É afirmado no art. 1°, par. 3º, da Carta das Nações Unidas, nos arts. 1º e 2º* [*da DUDH (Declaração Universal dos Direitos do Homem) e em todos os instrumentos internacionais de direitos humanos, de entre os quais cumpre destacar o art. 2º*], *nº 1, do PIDCP (Pacto Internacional de Direitos Civis e Políticos).*
"O princípio da não discriminação supõe que deve ser dado um tratamento igual a indivíduos e situações iguais e implica a existência de uma norma que prescreva essa igualdade de tratamento.
As convenções de âmbito geral adoptam uma postula global e esforçam-se por levar em conta toda a discriminação, ***proibindo as discriminações em função*** *do sexo, da raça, da língua,* ***da religião****, das opiniões, do nascimento, da origem nacional ou social, de pertencer a uma minoria nacional, da fortuna ou ainda qualquer outra situação*" (*Direito Internacional dos Direitos Humanos*, Editora Almedina, Coimbra, 2006, pp. 173/4 – esclarecemos nos parênteses e grifamos).

58. O Estado não pode obrigar as pessoas a terem uma crença religiosa ou a participarem, contra sua vontade, de atividades espirituais; tampouco pode prejudicar a quem delas se abstiver.

fiéis, quer no próprio templo, quer realizando as chamadas "*missões religiosas*", no País ou no exterior.

V- Como vemos, a liberdade religiosa, afirmada e confirmada em nosso Texto Supremo, reclama, máxime das autoridades públicas, o pleno respeito às convicções e à independência espiritual de cada indivíduo. Direito fundamental, consagrado, repetimos, na própria *Declaração Universal dos Direitos Humanos* (art. 18), da qual o Brasil é signatário, é, em nosso ordenamento constitucional, "*cláusula pétrea*", ou seja, pertence ao núcleo irredutível da Constituição Federal (art. 5º, VI).

Em suma, o Estado Brasileiro tem a obrigação constitucional de respeitar as convicções religiosas – sejam quais forem – de seus habitantes. Deste modo, deve manter neutralidade sobre o assunto (não pode subvencionar nenhum culto) e tratar com isonomia as múltiplas religiões existentes no País.[59]

Va- Note-se que o conceito de religião é aberto, abarcando qualquer crença transcendental de pessoas que se reúnem com a certeza íntima de que estão moralmente obrigadas pelos mandamentos que dela emanam.[60]

Vb- Por outro lado, o valor intrínseco do culto e seus fundamentos morais, tanto quanto a essência ou o conteúdo da religião, escapam à análise do Poder Público, até para que não restem prejudicadas as crenças das minorias.

Destarte, não pode haver a tributação de uma entidade religiosa, apenas porque seus líderes emitem opiniões sociais e políticas ou, até, prestigiam uma ideologia, capaz de influenciar o eleitorado.

Vc- Isso evidentemente está longe de significar que as Igrejas têm carta branca para afrontar o ordenamento constitucional

---

59. Em consequência do *princípio da isonomia*, as vantagens, inclusive tributárias, que uma confissão religiosa recebe, devem ser estendidas às demais.

60. Não é por outro motivo que o conceito de religião não é *substancial*, mas *funcional*.

(*v.g.*, pregando a quebra do princípio democrático) ou incentivar a prática de crimes (*v.g.*, pregando a segregação racial).

Vale, a propósito, a milenar regra "*o direito permite o uso, mas não o abuso*" (*ius admittit usum, sed non abutitur*), hipótese em que é dado ao Estado, observados o contraditório e a ampla defesa, desconsiderar a personalidade de uma Igreja de fachada, isto é, que não passa de uma organização criminosa.

VI- Remarque-se que o Brasil assegura a livre manifestação de qualquer culto. Daí o desafio constante de, sem perda do secularismo, proteger o direito fundamental à liberdade religiosa, que se imbrica num dos pilares do nosso ordenamento jurídico: *a dignidade da pessoa humana.*[61] É ela que justifica a atribuição de *direitos fundamentais* aos cidadãos, quando se defrontam com o Estado-Poder.[62]

Não é difícil perceber, pois, que a imunidade tributária dos templos de qualquer culto reforça e salvaguarda o *princípio da liberdade religiosa*. Tipifica, no dizer expressivo de Ricardo Lobo Torres, seu *contraponto fiscal.*[63] Justamente por este motivo, a imunidade do art. 150, VI, *b*, da Constituição Federal, deve ser interpretada com vistas largas. Mais do que o templo propriamente dito, isto é, o local destinado a

---

61. Para não deixar nenhuma dúvida a respeito, a Constituição Federal, já em seu art. 1º, III, enuncia solenemente que a República Federativa do Brasil também se fundamenta na "*dignidade da pessoa humana*". O indivíduo é o limite e a base do domínio político da República, motivo pelo qual a *dignitas humana* é inviolável, ou seja, é um bem jurídico absoluto, que não pode ser lesado por nenhuma pessoa, seja de direito público, seja de direito privado. Também é inalienável e irrenunciável, já que a vida não pode ser degradada a um sem-valor, nem mesmo por seu titular.

62. Nessa linha, José de Melo Alexandrino acentua, com propriedade, que "*num ordenamento de Estado constitucional,* ***os direitos fundamentais constituem garantias jurídicas dirigidas contra o Estado ou*** *principalmente* ***contra o Estado****. Esta regra é inquestionável: tem uma justificação histórica e filosófica; tem justificação nos textos e na estrutura das Constituições, encontrando o mais amplo acolhimento na prática de todas as ordens jurídicas das sociedades abertas; tem uma justificação funcional e é defensável segundo os quadros da ciência jurídica*" (*Direitos Fundamentais: Introdução Geral*, Princípia, Estoril, 2007, p. 96 – os grifos são do autor).

63. *Op. cit.*, p. 210.

cerimônias religiosas, a desoneração constitucional alcança a própria entidade mantenedora (a Igreja), além de estender-se, como já vimos, a tudo o que se relacionar às liturgias.

Neste diapasão, as Igrejas, para melhor difundirem suas doutrinas,[64] podem adquirir ou importar, sem ônus tributários, bens (pedras sagradas, relíquias, objetos consagrados etc.) voltados a estimular a fé das pessoas.

Enfim, para que, como determina a Constituição Federal, a liberdade de culto venha adequadamente prestigiada, é imprescindível que a desoneração fiscal em tela se faça sentir sobre todas as situações relacionadas às práticas religiosas.

VIa- E nem se diga que, no texto constitucional, está escrito "*templos*" (edifício onde se pratica o culto religioso) – e, portanto, o que foge disso é pura especulação dos interessados em dilargar o campo da imunidade ora em destaque. Tal entendimento não se sustenta, em face da interpretação sistemática dos precitados dispositivos e do próprio *preâmbulo* da Carta Suprema,[65] que consagram a ideia de imunidade tributária da religião (conceito espiritual) e, não, apenas, do imóvel (conceito material) onde ela é praticada. Logo, é preciso desonerar de impostos, não apenas o prédio onde o culto se desenvolve, mas tudo o que está relacionado às atividades religiosas.

Ademais, como os templos, em si mesmos considerados, não possuem nem *renda*, nem *patrimônio*, nem prestam

---

64. Embora a liberdade religiosa pressuponha o respeito às opiniões espirituais alheias, cada religião tem o *direito de expansão*, podendo, para tanto, exercer – desde que o faça com prudência, isto é, sem fanatismo – um trabalho de esclarecimento doutrinal, de pregação e de ação proselitista.

65. O preâmbulo da Constituição Federal assim dispõe: "Nós, representantes do povo brasileiro, reunidos em Assembleia Nacional Constituinte para instituir um Estado Democrático, destinado a assegurar o exercício dos direitos sociais e individuais, a liberdade, a segurança, o bem-estar, o desenvolvimento, a igualdade e a justiça como valores supremos de uma sociedade fraterna, pluralista e sem preconceitos, fundada na harmonia social e comprometida, na ordem interna e internacional, com a solução pacífica das controvérsias, promulgamos, **sob a proteção de Deus**, a seguinte CONSTITUIÇÃO DA REPÚBLICA FEDERATIVA DO BRASIL" (grifamos).

serviços (não, pelo menos, na acepção do art. 594, do Código Civil[66]), segue-se, necessariamente, que a imunidade em tela se subjetiva na **Igreja**, vale dizer, na pessoa jurídica, regularmente constituída, que mantém, como *finalidade essencial* (art. 150, § 4º, da *CF*), atividades religiosas.[67]

Aprofundando o assunto, está dentro das finalidades essenciais do templo de qualquer culto, sua construção, decoração e manutenção.[68] Isso porque a imunidade em questão protege o *patrimônio* da Igreja, compreendendo seus bens móveis e imóveis, corpóreos ou não, empregados no culto religioso ou na sua difusão.[69]

De fato, é muito comum, Igrejas, movidas pela louvável intenção de incorporarem, aos seus patrimônios, objetos (castiçais, relíquias, quadros, estátuas etc.) ou materiais sagrados (pedras, madeira, peles etc.), virem a adquiri-los no mercado interno ou a importá-los do exterior.

---

66. Código Civil - "*Art. 594. Toda a espécie de serviço ou trabalho lícito, material ou imaterial, pode ser contratada mediante retribuição*".

67. No mesmo sentido, Regina Helena Costa observa: "*Ora, os templos não possuem patrimônio, renda e serviços, mas sim a pessoa jurídica que os detém. Se a imunidade vincula-se ao patrimônio, à renda e aos serviços relacionados com as finalidades essenciais da 'entidade' mencionada na alínea 'b' do inciso VI do art. 150 (§ 4º), trata-se da própria Igreja – esta, sim, possuidora de patrimônio, renda e serviços*" (*Imunidades Tributárias – teoria e análise da jurisprudência do STF*, Malheiros Editores, São Paulo, 2001, p. 158).

68. Apenas a guisa de curiosidade, esta ideia foi encampada pelo Código Tributário da Alemanha, de 1977, que, em seu art. 54, § 2º, estabelece: "*constituem fins religiosos especialmente* ***a construção, decoração e manutenção de templos e casas paroquiais****, a celebração do culto religioso, a formação de clérigos e ministros, o ensino religioso, o sepultamento dos mortos e o culto de sua memória, bem como a administração da Igreja, a remuneração dos clérigos e ministros, dos funcionários e auxiliares eclesiásticos, a instituição de fundos para o amparo à velhice e invalidez em favor dessas pessoas e de seguro social para as respectivas viúvas e órfãos*" (*Novo Código Tributário Alemão*, trad. de Alfred J. Schmidt e outros, Forense/IBDT, São Paulo, 1978 – grifamos).

69. Estamos tomando a palavra *patrimônio* no sentido de *conjunto de direitos de conteúdo econômico*, abrangendo, assim, a propriedade, a posse, os direitos obrigacionais, os direitos a prestações pecuniárias, bem como aqueles cujo objeto tenha valor *de uso* ou *de troca*.

VIb- Em face do exposto, não temos dúvidas em afirmar que todas estas operações jurídicas são imunes ao *IPI*, ao *ICMS*, ao imposto sobre a importação, ao *PIS* e à *COFINS*.

Reconhecemos que tais objetos, especialmente quando de natureza mineral, não são sagrados por suas propriedades físico-químicas, até porque, de regra, encontráveis em todo o planeta. São, porém, singulares, por aquilo que contêm ou representam em termos culturais, históricos e religiosos, circunstância que os torna bens infungíveis, vale dizer, que não se podem substituir por outros que tenham as mesmas características e sirvam para satisfazer as mesmas necessidades.

Figuram nesta categoria de objetos sagrados, as pedras da cidade de Hebron (Israel), que revestiam o Templo de Salomão, e atualmente são empregadas para guarnecer as fachadas e os interiores das sinagogas. O mesmo se pode dizer da famosa *Pedra de Salt Lake City* (EUA), com a qual os fiéis da Igreja de Jesus Cristo dos Santos dos Últimos Dias (Igreja Mórmon) erigem os altares dos seus templos, como determinou Joseph Smith Jr. (restaurador do Movimento dos Santos dos Últimos Dias). Ou, ainda, as vestes utilizadas por algum mártir da Igreja Católica Apostólica Romana. Enfim, os exemplos podem ser multiplicados, que são legião.

Logo, na medida em que tais objetos são, para os fins espirituais a que se destinam, insubstituíveis, sua importação, a teor do disposto no art. 150, VI, *b*, da Constituição Federal, é **imune** à tributação por meio de impostos e também de contribuições sociais e de intervenção no domínio econômico (por força de uma interpretação sistemática do disposto no art. 149, § 2º, II, da CF).

VII- Retomando nossa linha de pensamento, a expressão "*templos de qualquer culto*" há de receber interpretação abrangente, de modo a ser tomada no sentido de *Igrejas*, em suas várias formas organizacionais.[70]

---

70. Embora o assunto seja polêmico, entendemos que também são *templos* as lojas maçônicas e a Igreja da Razão (Igreja Positivista).

Desse modo, por *Igreja* há que se entender a instituição religiosa que cultua, por meio de ritos próprios, um Ser Transcendental,que, no dizer expressivo de Del Giudice» ,"*tende a conseguir o bem comum sobrenatural da santificação dos fiéis*".[71]

VIII- Assentada esta premissa, é o caso de indagarmos: que impostos poderiam eventualmente alcançar os "*templos de qualquer culto*"?

Vários impostos, apressamo-nos em responder.

De fato, sobre o imóvel onde o culto se realiza incidiria o *imposto predial e territorial urbano* (*IPTU*);[72] sobre a prestação do serviço religioso, o *imposto sobre serviços de qualquer natureza* (*ISS*); sobre as esmolas, espórtulas e dízimos pagos à Igreja, por seus fiéis, o *imposto sobre a renda da pessoa jurídica* (*IRPJ*); sobre a aquisição de bens imóveis destinados ao culto, o *imposto sobre a transmissão "inter vivos", por ato oneroso, de bens imóveis* (*ITBI*); sobre a importação de bens relacionados com o culto, o *imposto sobre a importação* (*II*), o *imposto sobre produtos industrializados* (*IPI*) e o *imposto sobre operações relativas à circulação de mercadorias e sobre prestações de serviços de transporte interestadual e intermunicipal e de comunicação* (*ICMS*); e assim avante.

Ora, em consequência da regra imunizante em estudo, **nenhum destes impostos** – nem quaisquer outros que

Em relação às lojas maçônicas, no entanto, o STF decidiu que não se enquadram no conceito "*templos de qualquer culto*", porque nelas não se professaria "*qualquer religião*" (1ª Turma, RE 562.351, rel. Min. Ricardo Lewandowski, j. 4.9.2012, *DJe* 14.12.2012). O argumento que levou a maioria a afastar dessas entidades a imunidade do art. 150, VI, "b", da Constituição Federal, foi, ao que parece, o entendimento de que a Maçonaria seria uma simples filosofia de vida, e não um verdadeiro culto, por lhe faltar uma liturgia. Com o devido acatamento, pensamos que essa decisão merece ser revista, uma vez que de liturgia não carece essa sociedade, que tem ramificações em todo o mundo e se dedica fundamentalmente à prática do bem e ao aperfeiçoamento da Humanidade. Ademais, é requisito para integrá-la crer em um Ser Transcendental, que tudo vê e tudo governa, representado pelo "*Olho da Providência*".

71. *Nociones de Derecho Canónico*, Pamplona, 1955, p. 44.

72. *V.*, *infra*, *IXd*.

incidam sobre atos ou fatos coligados ao exercício das atividades religiosas – pode onerar os "*templos de qualquer culto*".

IX- Sempre mais se revela, pois, que a alínea "*b*" em foco visa a assegurar a livre manifestação da religiosidade das pessoas, isto é, da fé que elas têm na divindade e em certos valores transcendentais. O Estado (aqui tomado no sentido de pessoa política tributante) não pode, mormente por meio de impostos, embaraçar, quer o exercício dos cultos religiosos, quer os atos de benemerência consentâneos com os ideários da Igreja.

De fato, quando a Constituição Federal prescreve serem imunes aos impostos os templos de qualquer culto (art. 150, VI, *b*), ela não está senão dando efetividade ao direito fundamental à liberdade de consciência e de crença (art. 5°, VI), que se manifesta no livre e amplo exercício das práticas religiosas e na consecução dos superiores objetivos da Igreja que os realiza.

Nossa tese assim pode ser resumida:

> A imunidade aos impostos, prevista no art. 150, VI, b, da Constituição Federal, materializa o interesse da sociedade em ver afastados procedimentos, ainda que normatizados, capazes de inibir a livre manifestação da religiosidade das pessoas e os atos de amor ao próximo, benemerência e promoção social, que dele derivarem.

Daí que o *fundamento* da imunidade dos "*templos de qualquer culto*" não é a ausência de *capacidade contributiva* (aptidão econômica para contribuir com os gastos da coletividade), mas a proteção da liberdade dos indivíduos, que restaria tolhida, caso as Igrejas tivessem que suportar os impostos incidentes "*sobre o patrimônio, a renda ou os serviços*", mesmo quando tais fatos jurídico-econômicos guardassem sintonia com as "*finalidades essenciais*" (art. 150, § 4°, da *CF*) do culto.

IXa- E quais são estas "*finalidades essenciais*" do culto?

A nosso sentir, as que se referem à prática dos atos litúrgicos, à divulgação das crenças da Igreja (proselitismo religioso), à orientação espiritual dos fiéis, à formação dos ministros da entidade religiosa e ao exercício de atividades filantrópicas e de assistência social, que põem em ação os ensinamentos doutrinários da confissão religiosa.

Remarque-se que *patrimônio*, neste contexto, não é apenas a propriedade, mas todo e qualquer bem (móvel, imóvel ou até incorpóreo), seja qual for o vínculo jurídico que a pessoa tenha com ele, que possua valor econômico, vale dizer, que seja apreciável monetariamente. Noutras palavras, é o bem que, suprimido, acarreta, a quem o detinha, diminuição econômica.

IXb- Assim, a imunidade aos "*impostos sobre o patrimônio*", que favorece as Igrejas, vai além dos ditos imobiliários (*ITR* e *IPTU*), para abranger os incidentes sobre a propriedade de veículos automotores/*IPVA* (este na hipótese logo a seguir especificada), as grandes fortunas (previsto no art. 153, VII, da *CF*, mas ainda não criado *in abstracto*), as transmissões de bens ou direitos, a título gratuito (*ITCMD*) e as transmissões de bens imóveis e direitos reais, a título oneroso (*ITBI*), entre outros.

IXc- Acrescentamos que a imunidade alcança o veículo automotor pertencente à Igreja, se comprovadamente for utilizado na catequese ou na prestação dos serviços ligados ao culto. Sobre a propriedade desse bem não incide, portanto, o *IPVA*, que também não pode ser exigido se a entidade religiosa transformar um ônibus, um caminhão, um trem ou uma aeronave de sua propriedade em "*templo móvel*" (a expressão é de Aliomar Baleeiro). Algumas dessas situações são incomuns, mas também encontram amparo, para o reconhecimento da desoneração constitucional em foco.

IXd- Por igual modo, a Igreja que aluga um imóvel, para ali realizar seus cultos, não deve suportar a carga econômica do *IPTU*, por força do disposto no art. 156, § 1º-A, da Constituição Federal: "*O imposto previsto no inciso I do caput deste* *artigo não incide sobre templos de qualquer culto, ainda que as entidades abrangidas pela imunidade de que trata a alínea "b" do inciso VI do 'caput' do art. 150 desta Constituição sejam apenas locatárias do bem imóvel"*.[73]

IXe- Já, a imunidade aos "*impostos sobre a renda*" alcança os eventualmente incidentes sobre quaisquer ingressos, dividendos, bonificações ou transmissões de receitas (*IRPJ*, *IRF* e possíveis *impostos residuais*), que tenham em mira preservar e até aumentar, o patrimônio da entidade religiosa.

IXf- Finalmente, a imunidade aos "*impostos sobre serviços*" refere-se, não apenas aos que alcançam as execuções onerosas de obrigações de fazer (*ISS*, *ICMS-transporte* e *ICMS-comunicação*), como aos que contêm, em suas materialidades, operações financeiras (*IOF* e *IRPJ-fonte*), em favor da Igreja ou de pessoas carentes por ela assistidas, localizadas quer no Brasil, quer no exterior.

X- Merecem considerações à parte as doações, de quaisquer bens ou direitos, que a Igreja *(i)* recebe, ou *(ii)* faz às instituições de educação ou de assistência social, sem fins lucrativos, que ela mantém. Mesmo nessa segunda hipótese, não se aparta de sua *atividade-fim* e, deste modo, continua sob a égide do art. 150, VI, *b*, da Constituição Federal, vale dizer, não poderá ser validamente compelida a recolher o imposto sobre doações de quaisquer bens ou direitos (*ITCMD*).

Xa- Lembramos que a Constituição Federal, em seu art. 155, I, outorgou, aos Estados-membros e ao Distrito Federal, competência para criar impostos sobre "*transmissão 'causa mortis' e* ***doação, de quaisquer bens ou direitos***" (*ITCMD*).[74]

---

73. O art. 156, § 1º, "a", foi incluído na Constituição pela EC n. 116, de 2022. Antes do advento dessa imunidade, a Igreja, quando locatária do imóvel onde realizava seus cultos, suportava a carga econômica do IPTU, por força de cláusula contratual não vedada na Lei do Inquilinato (Lei n. 8.245/1991).
Para evitar esse indesejável efeito, havia Municípios que isentavam de IPTU os proprietários de imóveis urbanos locados a Igrejas.

74. Grifamos.

Portanto, estas pessoas políticas estão credenciadas a instituir impostos: I- sobre a transmissão *causa mortis* de quaisquer bens ou direitos; e, II- sobre a doação (transmissão não onerosa, por ato *inter vivos*[75]) de quaisquer bens ou direitos. Em boa verdade científica, ambos os impostos alcançam as transmissões não onerosas.

Em princípio, o contribuinte do imposto, na doação, é o donatário, pois é ele que, justamente por ter sido aquinhoado, revela possuir capacidade contributiva. Escrevemos, "*em princípio*", porque, sendo impossível exigir o tributo do donatário, costumam responder solidariamente pelo débito fiscal o doador e o cedente do bem ou direito (é o que, por exemplo, estipula o inc. III, do art. 8º, da Lei paulista nº 10.705/2000).

Xb- Pois bem. As Igrejas, quando recebem doações de bens ou direitos escapam à incidência do *ITCMD*. E também – agora na condição de responsáveis solidárias – quando as fazem às instituições educacionais ou assistenciais, sem fins lucrativos, que mantêm. Isso porque, ao assim procederem, não se apartam de suas "*finalidades essenciais*", que, conforme já demonstramos, não são apenas as que dizem de perto com a liturgia, mas abrangem as atividades, máxime as de benemerência, que vêm ao encontro dos ideários da Igreja.

Em suma, quando a Igreja aplica seus recursos em ordem a realizar, ainda que por interpostas pessoas, seus altos objetivos, não há motivos jurídicos para retirar-lhe a desoneração tributária em estudo. Sendo mais explícitos, as doações de bens ou direitos, que ela vier a fazer a terceiros, que perseguem os mesmos ideais, vale dizer, que têm em mira as mesmas "*atividades-fim*", não a despem da imunidade do art. 150, VI, *b*, da Constituição Federal.

---

75. Vale a propósito, o disposto no art. 538, do Código Civil ("*considera-se doação o contrato em que uma pessoa, por liberalidade, transfere do seu patrimônio bens ou vantagens para o de outra*").

Xb.1- Nossa posição não se altera mesmo quando a Igreja auxilia financeiramente (em moeda) outras congêneres, localizadas em países pobres ou com problemas de instabilidade econômica, para que lá sejam construídos locais de adoração, visando a difundir ensinamentos religiosos, bem como realizadas ajudas humanitárias.

Reafirmamos que, no caso, a Igreja tem o direito de não reter o *IRPJ-fonte* sobre as doações em questão, bastando que cada remessa de dinheiro ao exterior seja devidamente documentada e esteja de acordo com as normas expedidas pelo Banco Central do Brasil.

Destaque-se que a Constituição Federal não exige que as doações feitas pela Igreja sejam aplicadas somente no território nacional, mas, apenas, que não tenham, inclusive no exterior, destinação comercial. As finalidades essenciais do culto podem perfeitamente ser alcançadas além das fronteiras do País.

Portanto, uma vez demonstrado que a entidade religiosa aplica seus recursos em ordem a realizar, ainda que por interpostas pessoas, seus altos objetivos, não há motivos jurídicos para retirar-lhe a imunidade.

Xb.2- Tornamos a dizer que o único requisito que o § 4º, do art. 150, da Constituição Federal impõe, para o gozo da desoneração fiscal em pauta, é a ausência do *ânimo de lucro*, vale dizer, da intenção, da Igreja, de distribuir seus bens ou rendimentos aos que a dirigem ou a terceiros que nela desempenham atividades laicas.

Outros requisitos – entre os quais o *da territorialidade* – não podem ser postos na legislação infraconstitucional, nem brotar de uma interpretação restritiva da Lei Maior.

Logo, ainda que realizadas no exterior, as aplicações de bens e rendas da Igreja, desde que relacionadas às suas "*finalidades essenciais*", passam ao largo dos impostos que, não fosse a regra imunizante em foco, incidiriam sobre estas operações financeiras (*v.g.*, o *IRPJ-fonte*).

Sendo mais explícitos: as doações de bens ou direitos, que a Igreja vier a fazer, no exterior, a instituições religiosas que perseguem os mesmos ideais, vale dizer, que têm em mira as mesmas "*atividades-fins*", não lhe retira a imunidade do art. 150, VI, *b*, da Constituição Federal.

Xb.3- Também chamamos a atenção para a inaplicabilidade, ao caso, do ditame contido no art. 14, II, do *CTN* (aplicar integralmente no País, os seus recursos, na manutenção dos seus objetivos institucionais), que – seja-nos permitido antecipar – somente vale para os partidos políticos e suas fundações, as entidades sindicais dos trabalhadores e as instituições de educação e de assistência social, sem fins lucrativos.[76]

Portanto, a vinculação dos recursos ao território nacional não figura entre as condições estabelecidas na Carta Constitucional, para o desfrute, pelos "*templos de qualquer culto*", da imunidade aos impostos sobre a renda, o patrimônio e os serviços relacionados às suas finalidades essenciais.

Xb.4- A imunidade em tela apenas desaparece se as doações da Igreja estiverem a serviço de finalidades estranhas ao culto, cabendo ao Poder Público o ônus da prova de tal desvirtuamento, o que só poderá ser feito pelos meios em direito admitidos.

Recorde-se, por vir de molde, que a inversão do ônus da prova para o contribuinte viola seu direito constitucional ao silêncio (direito de não produzir prova contra si próprio).

Atribuir à Administração Fazendária a possibilidade de impor sua versão, sem demonstrar que os fatos alegados ocorreram verdadeiramente, tipifica privilégio odioso, totalmente inconstitucional, porque fere a posição de paridade que deve

---

76. Anote-se que o próprio *caput*, do art. 14, do *CTN*, estabelece que os requisitos que a seguir enumera, valem, apenas, para as entidades mencionadas no art. 9º, IV, *c*, deste mesmo diploma, ou seja, para partidos políticos e suas fundações, as entidades sindicais dos trabalhadores, e as instituições de educação e de assistência social, sem fins lucrativos. Estas entidades sim (e não, os templos de qualquer culto) é que devem aplicar, no País, os seus recursos, na manutenção dos seus objetivos institucionais.

existir entre ela e o contribuinte, pela idêntica subordinação de ambos à lei tributária. Além de tudo, sendo *negativa* a prova a produzir, a inversão do *onus probandi* é **impossível** (*negativa non sunt probanda*).

Xb.5- Saliente-se, ainda, que também atropela a Constituição da República o entendimento de que a imunidade somente perdura quando as doações forem feitas dentro do território nacional. É que – permitimo-nos insistir – tal exigência não vale para os *templos de qualquer culto*.

Neste particular, diga-se de passagem, andou bem o *Constituinte Originário* já que, no mais das vezes, as Igrejas, mormente as cristãs, têm projetos globais e, nessa medida, propagam suas doutrinas e fazem caridade em todos os países, máxime naqueles que enfrentam maiores problemas sociais.

XI- Aqui chegados, vale lembrar célebre decisão (caso McCulloch *vs.* Maryland), expendida em 1819, pela Suprema Corte norte-americana, à época presidida pelo legendário John Marshall. Nesse autêntico *leading case* ficou assentada tese que, sendo universal e atemporal, vale até hoje, inclusive para o Brasil; a saber: "*a competência para tributar por meio de impostos envolve, eventualmente, a competência para destruir*".

Ora, não se deseja – e a Constituição brasileira expressamente não o admite – que as pessoas políticas prejudiquem, muito menos destruam, os cultos religiosos, que devem ser livres.

Assim, as pessoas políticas não podem exigir impostos dos "*templos de qualquer culto*". Insista-se: das Igrejas, com suas mantenedoras e instalações relacionadas às práticas religiosas.

XII- Com estas achegas, mais e mais se robustece o entendimento de que a Constituição Federal garante, inclusive com a imunidade tributária em tela, a liberdade de culto e a igualdade entre as crenças religiosas (Sacha Calmon Navarro Coêlho), o que, de resto, vem proclamado em seu já citado art. 5º, inc. VI.

Pois bem, uma das fórmulas encontradas para tanto foi justamente esta: vedar a cobrança de impostos sobre os templos de qualquer culto. A Constituição estende a imunidade tributária aos cultos religiosos, sem olhar para a Igreja que os promove, pelo que fica impedida qualquer atividade legislativa capaz de submetê-la ao pagamento, sobre suas atividades essenciais, de *tributos não vinculados* (impostos).

XIII- Abrindo um ligeiro parêntese, a imunidade em estudo é decorrência natural da separação entre a Igreja e o Estado, decretada com a Proclamação da República (1889) e mantida até os dias atuais.

Sabemos que, durante o Império (de 1822 a 1889), tínhamos uma religião oficial: a religião católica apostólica romana, que, conquanto não imposta pela força, desfrutava de grandes privilégios, a ponto de se confundir com o próprio Estado.[77] As outras religiões eram aceitas, mas apenas a católica recebia proteção oficial.[78] Naquela época, pois, tolerância significava apenas não perseguir as pessoas, por suas convicções ou práticas religiosas.

---

77. O art. 5º, da Constituição de 1824, dispunha: "*Art. 5º. A religião católica apostólica romana continuará a ser a religião do Império. Todas as outras religiões serão permitidas com seu culto doméstico ou particular, em casas para isso destinadas, sem forma alguma exterior de templo*". A situação perdurou até que, proclamada a República, o governo provisório determinou a liberdade de cultos e a igualdade das religiões, com a edição do Decreto nº 119-A, de 7 de janeiro de 1890.

78. Isso era, a um tempo, bom e mau para a religião católica apostólica romana. *Bom*, porque a Igreja Católica tinha todas as facilidades (por exemplo, os bispos, sacerdotes e religiosos em geral eram considerados funcionários públicos do Império, fazendo jus a salário e aposentadoria). E *mau*, porque, apesar da benesse – e justamente em razão dela –, perdeu quase que completamente sua autonomia. Para termos uma ideia deste aspecto negativo, basta lembrar que nenhum bispo católico podia ser ungido por Roma, sem o *placet* do Imperador. Havia, pois, no Brasil da época, um verdadeiro césaro-papismo, à semelhança do que existiu na antiga Roma, sob o governo de Constantino, o Grande.
Merece registro, neste passo, a célebre *Questão Religiosa*, quando alguns bispos católicos criticaram o Imperador, sendo, em consequência, encarcerados. Sob o aspecto jurídico, nenhuma injuridicidade sofreram, já que, sendo funcionários do Império, tinham o dever de obediência ao Imperador, que os impedia de tecer, em público, comentários desairosos à sua pessoa.

Com o advento da República, iluminada pelo *positivismo* de Augusto Comte, imediatamente decretou-se a separação entre a Igreja Católica e o Estado, que se tornou laico, deixando de privilegiar qualquer religião, ainda que majoritária; pelo contrário, passou a aceitar todas elas, a começar pelas minoritárias.[79]

Força é admitir, pois, que, de há muito, o assunto tem sido objeto das preocupações do nosso ordenamento jurídico, que não só protege o sentimento religioso das pessoas, como proíbe o Estado de se imiscuir nos assuntos internos dos "*templos de qualquer culto*".

XIIIa- Aliás, não é jurídico simplesmente dizer que, no Brasil, todas as religiões são toleradas. Deveras, se as liberdades de crença e de culto são direitos fundamentais, não há espaço para a mera tolerância, mas, sim, para o respeito[80] e, quando for o caso, a proteção.

Qualquer iniciativa governamental, que venha a ferir o direito fundamental à liberdade de culto, representa um atentado aos direitos da cidadania e, de modo mais específico, à liberdade de pensamento e de consciência.[81]

XIIIb- Tal asserto vem indiretamente confirmado pelo art. 19, I, da Constituição Federal; *verbis*:

---

79. Especialmente os cultos das minorias (com poucos adeptos) têm direito à imunidade, até porque a desoneração em tela é mais necessária às religiões incipientes do que àquelas que, tendo grande número de fiéis, bem ou mal, sempre encontrariam meios de sobrevivência, ainda que compelidas a suportar pesadas cargas fiscais.
De resto, eliminadas as Igrejas economicamente mais fracas, as economicamente mais fortes se beneficiariam, porque, pelo menos em tese, tenderiam a conquistar maior número de adeptos.

80. A liberdade religiosa, sendo um direito fundamental e, portanto, de estrita justiça, não se compadece com a mera tolerância, que pressupõe condescendência de um superior a um inferior.

81. Para maior aprofundamento do assunto, *v.*, de Francesco Margiotta Broglio, *Liberté Religieuse et Relations entre Etats et Eglises*, *in Las Relaciones entre la Iglesia y el Estado*, estúdios em memoria del Profesor Pedro Lombardia, Editoriales de Derecho Reunidas, Navarra, 1989, pp. 183 a 195.

> Art. 19. É vedado à União, aos Estados, ao Distrito Federal e aos Municípios:
>
> I- estabelecer cultos religiosos ou igrejas, subvencioná-los, embaraçar-lhes o funcionamento ou manter com eles ou seus representantes relações de dependência ou aliança, **ressalvada, na forma da lei, a colaboração de interesse público.**[82]

Esse dispositivo proíbe que o Estado, subvencionando uma Igreja, venha a criar embaraços à formação e ao livre funcionamento de outras.

Também lhe é vedado criar centros de doutrinação religiosa ou estabelecer, em documentos oficiais, uma hierarquia entre os cultos. Pelo contrário, deve permitir que todas as religiões encontrem seu espaço, bastando para isso, que não entrem em testilhas com nosso ordenamento jurídico.

XIIIc- A seu turno, a Igreja não pode interferir nos negócios do Estado, vale dizer, no exercício das suas funções legislativas, executivas ou judiciárias. Tal ocorreria, por exemplo, se ele aceitasse que regras eclesiásticas dessem *fundamento de validade* a determinadas leis, ou se determinasse que preceitos religiosos bastassem para legitimar decisões judiciais.

XIIId- Tudo converge, pois, no sentido de que o Estado brasileiro é incontendivelmente laico, vale dizer, não confessional. **Todavia, como já sinaliza o preâmbulo de nossa Carta Magna (que invoca "*a proteção de Deus*", no sentido de "*Ser Transcendental*"), está longe de ser ateu ou inimigo da fé.**[83] Pelo contrário, respeita todas as religiões – conquanto delas se mantenha equidistante – e dá às pessoas a opção de, sem sofrerem gravames fiscais, virem a praticá-las ou, até, a não

82. Grifamos.

83. A menção à "proteção de Deus" sinaliza que, apesar de o Estado brasileiro ser laico, sua ação é orientada no sentido de respeitar e não obstaculizar as diversas manifestações religiosas.

praticarem nenhuma, seja por negarem a existência de Deus (ateus), seja por duvidarem de sua existência (agnósticos).[84]

Em suma, o Estado brasileiro, longe de oprimir as religiões, deve manter um relacionamento positivo com todas elas, zelando para que seus fiéis possam professá-las com total liberdade.

XIX- Por outro lado, a laicidade do Estado brasileiro não implica afastamento dos valores confessionais,[85] pelo que não entra em conflito com o precitado art. 19, I, da Carta Federal, o art. 11, § 1º, do Acordo Brasil Santa Sé, que prevê o "*ensino religioso, católico e de outras confissões religiosas*", assegurado "*o respeito à diversidade cultural religiosa do Brasil, em conformidade com a Constituição e as outras leis vigentes, sem qualquer forma de discriminação*".

Nesse sentido, há expressa previsão constitucional.

XIXa- De fato, o § 1º, do art. 210, da Constituição Federal não deixa margem a dúvidas, ao estatuir que "*o ensino religioso, de matrícula facultativa, constituirá disciplina dos horários normais das escolas públicas de ensino fundamental*".

Ademais, o ensino religioso está previsto no art. 33, da Lei nº 9.394/1996 (Lei de Diretrizes e Bases da Educação Nacional); *verbis*:

> Art. 33. O ensino religioso, de matrícula facultativa, é parte integrante da formação básica do cidadão e constitui disciplina dos

---

84. A *razão de ser* do art. 150, VI, *b*, da Constituição Federal é o direito fundamental à liberdade religiosa, como corretamente percebeu Ricardo Lobo Torres; *verbis*: "*O fundamento jurídico da imunidade dos templos é a 'liberdade religiosa', um dos pilares do liberalismo e do Estado de Direito. O cidadão pode praticar a religião que quiser – ou não praticar nenhuma – sem que esteja sujeito ao pagamento de qualquer tributo. A imunidade fiscal, no caso, é um atributo da própria pessoa humana, é condição de validade dos direitos fundamentais*" (*Op. cit.*, p. 211).

85. Não devemos confundir *laicidade* com *laicismo*. De fato, aquela, preconiza neutralidade diante da religião, enquanto que, este, tende a hostilizá-la, procurando diminuir-lhe a importância e, por vezes, até restringir a liberdade religiosa individual, como aconteceu recentemente na França, ao proibir as jovens muçulmanas de usarem, nas escolas, o véu islâmico.

> horários normais das escolas públicas de ensino fundamental, assegurado o respeito à diversidade cultural religiosa do Brasil, vedadas quaisquer formas de proselitismo.

Enfim, não só o ensino religioso é obrigatório, nas escolas públicas de ensino fundamental, como, por ser de matrícula facultativa, dá efetividade à liberdade de culto das pessoas, aí incluídas aquelas que não professam nenhum. E, evidentemente, tal ensino deve ser ministrado por professores versados na fé das várias religiões (de preferência, sacerdotes), e, não, por professores "*não confessionais*", isto é, afastados das crenças religiosas.[86]

XX- Ressalte-se, porém, que embora o Estado e a Igreja não se confundam, devendo, destarte, seguir os próprios caminhos, de modo a conservarem intacta suas individualidades, podem perfeitamente somar esforços para o pleno atingimento dos objetivos comuns, máxime os que dizem de perto com o desenvolvimento e a formação da personalidade humana.[87]

---

86. Equivocada, a nosso ver, a tese de que a Constituição simplesmente "*permite*" o ensino da religião, por professores leigos ("*não confessionais*"), como formação cultural. Com razão, Ives Gandra da Silva Martins observa que "*se facultativa é a frequência, nada está se impondo, de um lado, e, de outro lado, tais cursos não são cursos de mera 'curiosidade cultural', para serem ministrados por professores 'não confessionais', que estudam a religião como 'fenômeno sociológico' e não como uma necessidade da alma humana, como crê a maioria da população*" ("*Tratado Brasil-Santa Sé – Constitucionalidade do Artigo 11, § 1º, do Decreto nº 7.107/2010 em Face do Artigo 210, § 1º, da Constituição Federal e do Artigo 33 da Lei de Diretrizes e Bases da Educação – Parecer*", *in Revista Síntese Direito Administrativo* nº 74, Fevereiro de 2012, pp.215-216). E, aludindo ao ensino confessional, demonstra que "é aquele em que o professor versado na fé explica tais fundamentos a seus alunos, que completam a sua formação humana com a formação religiosa" (*op. cit.*, p. 219).
Anote-se, em reforço a essas assertivas, que é obrigatório o ensino das religiões, como fenômeno sociológico, histórico, filosófico etc., o qual sim pode ser ministrado por professores "*não confessionais*", que demonstrarão a inegável importância que elas tiveram na formação da nossa sociedade.

87. Não se olvide que o homem que possui uma crença religiosa é, ao mesmo tempo, cidadão e fiel, motivo pelo qual, tanto a Igreja à qual ele pertence, quanto o Estado, possuem uma série de objetivos comuns, como a educação. Em tais "matérias mistas" há o dever de cooperação entre ambas as instituições.

Aliás, essa cooperação é determinada pela própria laicidade do Estado brasileiro, que, por ser o garante dos direitos das pessoas, deve deixá-las verdadeiramente livres para que adiram, ou não, aos valores religiosos, o que nos reconduz à ideia de que estes não podem ser embaraçados pela tributação.

XXI- Sempre a respeito, o art. 19, I, da Carta Magna, permite que o Estado se associe, na forma da lei, a entidades religiosas, para, num clima de cooperação recíproca, ajudá-lo a alcançar os objetivos da República Federativa do Brasil.

Assim, o Estado e a Igreja podem se associar em prol do desenvolvimento socioeconômico do País e do bem-estar dos segmentos mais carentes da população, dando-lhes tranquilidade e justiça, valores que formam o que Amartya Kumar Sen, Prêmio Nobel de Economia de 1998, expressivamente chamou de *capital social.*

XXIa- Tal colaboração deve ser feita de acordo com a Lei nº 13.019/2014, cujo art. 1º estabelece:

> Art. 1º Esta Lei institui normas gerais para as parcerias entre a administração pública e organizações da sociedade civil, em regime de mútua cooperação, para a consecução de finalidades de interesse público e recíproco, mediante a execução de atividades ou de projetos previamente estabelecidos em planos de trabalho inseridos em termos de colaboração, em termos de fomento ou em acordos de cooperação. (Redação dada pela Lei nº 13.204, de 2015)

Portanto, as organizações religiosas estão legalmente autorizadas a celebrar com o Estado termos de fomento, termos de colaboração ou acordos de cooperação, tendo em vista "*a consecução de finalidades de interesse público e recíproco*". É preciso, no entanto, "*que se dediquem a atividades ou a projetos de interesse público e de cunho social distintas das destinadas a fins exclusivamente religiosos*" (cf. art. 2º, "c", da Lei nº 13.019/2014).

XXIb- Também não vemos obstáculos jurídicos a que o Estado, observados os ditames da Lei nº 13.019/2014, patrocine as chamadas "missões religiosas", desde que o faça, não para a propagação da fé ou a conquista de adeptos para a Igreja – que a isso obsta o já citado art. 19, I, da Constituição Federal – mas para associar-se na prestação de serviços de assistência social, educacional, médico-hospitalar, odontológica etc.

XXIc- Em qualquer caso, porém, o Estado, em atenção aos princípios republicano, da isonomia e da laicidade, não poderá escolher *ad libitum* a Igreja com a qual firmará a parceria. Pelo contrário, para não privilegiar uma entidade religiosa, em detrimento das demais, deverá realizar o *chamamento público* disciplinado nos arts. 23 a 28, da Lei nº 13.019/2014, escolhendo a que melhor atender ao interesse público.[88]

Não infirma as assertivas *supra*, a circunstância de, com tais parcerias, as Igrejas virem a receber verbas públicas, porquanto deverão comprovadamente utilizá-las[89] para fins diversos dos religiosos, como para a promoção da assistência social, da cultura, da educação e da saúde.

XXId- Sempre a propósito, merecem tratamento a parte as festividades religiosas que, com o tempo, ganharam *status* de manifestações culturais, a ponto de atraírem grande massa de turistas, que a elas acodem, não tanto por uma questão de fé, mas para participar dos eventos. Nesse caso, o Estado poderá fomentá-las, inclusive com aportes financeiros, porque o que ali está em jogo não é propriamente um culto religioso, mas a tradição popular. É o que se dá, por exemplo, com a devoção do Senhor do Bomfim, que foi introduzida no Brasil no século XVIII, sendo conhecida pela lavagem, por baianas vestidas a caráter, da escadaria e do adro da igreja homônima, e

---

88. O chamamento público é dispensável nas hipóteses previstas nos arts. 30 e 31, da Lei nº 13.019/2014, como quando, numa determinada localidade, só uma Igreja comprovadamente possuir estrutura capaz de prestar, em parceria com o Estado, os aludidos serviços.
O assunto comporta desdobramentos que, no entanto, não vêm para aqui.

89. Republicanamente, as Igrejas que, com tais parcerias, recebem verbas estatais, são obrigadas a prestar contas de como as aplicam (cf. arts. 63 a 68, da Lei nº 13.019/2014).

pelas fitas do Senhor do Bonfim. Embora inicialmente ligada ao catolicismo, a cerimônia, graças ao sincretismo religioso, hoje atrai turistas de todos os credos, inclusive os de matriz africana, que se vestem de branco, a cor do orixá. Esta festa é um verdadeiro patrimônio cultural da Bahia, que, como tal, pode receber – e efetivamente recebe – o apoio do Estado.

XXII- Muito bem. Reafirmamos que na República Federativa do Brasil todas as religiões, independentemente de seu conteúdo teológico, são juridicamente isônomas, gozando da mesma proteção dispensada, por exemplo, ao catolicismo. Em consequência, todas elas são imunes à tributação por meio de impostos.

Evidentemente, o Estado apenas desonera desses tributos, as religiões que não incluem, em seus cultos, a prática de crimes, ofensas à moral ou aos bons costumes e condutas que colocam em risco a segurança nacional.[90] Há, no entanto, uma *presunção relativa* de que todo culto é legítimo – presunção, esta, que só se esboroa diante de inequívoca prova em contrário, a ser produzida pelo Estado, sempre garantido à Igreja o exercício de seu direito constitucional à ampla defesa, com o contraditório e o devido processo legal a ele inerentes.

Entretanto, como o Direito não se compadece com fraudes e abusos, é mister averiguar, com cuidado, se o "*culto*" atende aos requisitos mínimos de espiritualidade e transcendentalidade, para que venha guindado ao patamar de verdadeira religião.[91]

---

90. Assim, é dado ao Estado exercitar seu poder de polícia contra os cultos abusivos, que agem *contra legem*, por exemplo, praticando ou, mesmo, pregando, sacrifícios humanos, estelionatos, crimes ecológicos, terrorismo e racismo. A liberdade de culto não chega ao ponto de favorecer tributariamente tais comportamentos, que, verdade seja, nada têm de sagrado.

91. Pelo menos para os fins do disposto no art. 150, VI, *b*, da Constituição Federal, não revestiria a condição de *culto* uma hipotética "*Igreja*" que tivesse por objetivo "*adorar*" um grande herói do esporte.

O que estamos querendo significar é que, em situações extremas, é dado ao Estado analisar o mérito do culto religioso. Ao fazê-lo, porém, deve agir com grande cautela, para não inviabilizar práticas religiosas que, embora incomuns, não tipificam ilícitos.

XIII- Retornando à questão central, a expressão "*templos de qualquer culto*" há de ser entendida com certa dose de liberalidade. Assim, são *templos*, para os fins do disposto no art. 150, VI, *b*, da Constituição Federal, não apenas os edifícios destinados à celebração pública dos ritos religiosos, isto é, os locais onde o culto de professa, mas, também, seus *anexos*, vale dizer, os imóveis que possibilitam ou, quanto pouco, facilitam a prática da religião. Afinal, os edifícios só se transformam em *templos* quando complementados com as instalações adequadas, necessárias ou vinculadas às atividades espirituais.

Exemplificando, na religião Católica Apostólica Romana, configuram *anexos* do templo, estando, assim, a salvo da incidência do *IPTU*, a casa paroquial (mas, não, a casa de propriedade do sacerdote), o seminário, o convento, a abadia, a escola dominical, o santuário, o cemitério onde os religiosos ou os membros das ordens terceiras são sepultados,[92] enfim, todos os imóveis empregados nas atividades essenciais deste culto. Já, na religião Protestante, Evangélica ou Pentecostal, *anexos*

---

92. O Supremo Tribunal Federal reconheceu a imunidade de cemitério, como extensão de entidade de cunho religioso. Confira-se: "*RECURSO EXTRAORDINÁRIO. CONSTITUCIONAL. IMUNIDADE TRIBUTÁRIA. IPTU. ARTIGO 150, VI, "B", CB/88. CEMITÉRIO. EXTENSÃO DE ENTIDADE DE CUNHO RELIGIOSO. 1. Os cemitérios que consubstanciam extensões de entidades de cunho religioso estão abrangidos pela garantia contemplada no artigo 150 da Constituição do Brasil. Impossibilidade da incidência de IPTU em relação a eles. 2. A imunidade aos tributos de que gozam os templos de qualquer culto é projetada a partir da interpretação da totalidade que o texto da Constituição é, sobretudo do disposto nos artigos 5º, VI, 19, I e 150, VI, 'b'. 3. As áreas da incidência e da imunidade tributária são antípodas. Recurso extraordinário provido*" (RE 578562/BA, Relator(a): Min. EROS GRAU, j. 21/05/2008, DJe-172. Divulg. 11-09-2008).
Entretanto, a imunidade em tela não alcança o cemitério pertencente a empresas privadas (entidades não eclesiásticas, isto é, desvinculadas de entidades religiosas), que exploram a atividade econômica de locação ou venda de jazigos.

do templo são a casa do pastor (local, pertencente à confissão religiosa, onde o pastor reside, prepara suas prédicas, recebe os fiéis etc.), o centro de formação de pastores etc.; na Judaica, a casa do rabino (observados os mesmos requisitos), o centro de formação de rabinos (o rabinato) etc.; nas religiões de matriz africana, como a Umbanda e o Candomblé, a casa do "*pai de santo*" e o terreiro onde são doutrinados os sacerdotes do culto; nas religiões de matriz indígena, como a Jurema Sagrada (ou Catimbó), a casa dos jurumeiros e jurumeiras e os terreiros de Jurema, onde são entoados seus cânticos sagrados; etc.[93] Neste ponto – vale assinalar –, não podemos ser preconceituosos,[94] afrontando o desígnio constitucional, que é, sem dúvida, o de desonerar de impostos tudo o que efetivamente está relacionado às práticas religiosas.[95]

XXIIIa- Igualmente devem ser considerados templos, na acepção do art. 150, VI, *b*, da Constituição Federal, terrenos não construídos (*v.g.*, uma clareira em meio a uma floresta) de propriedade de uma instituição religiosa, por ela considerados sagrados, neles realizando cultos ou exortando os fiéis a visitá-los, em peregrinações periódicas. O fundamental é que ali se opere a ligação espiritual, entre o homem e a divindade cultuada.[96]

---

93. Nessa linha, é igualmente *templo* o veículo (automóvel, vagão, embarcação, aeronave etc.) empregado na prática do culto ou na catequização.

94. Infelizmente, embora as religiões de matriz africana ou indígena não sejam mais criminalizadas, ainda convivem com a intolerância e o preconceito, que não deveriam existir, pois a liberdade religiosa foi guindada pela Constituição Federal ao patamar dos direitos fundamentais.

95. Valem, a propósito, as seguintes ponderações de Sacha Calmon Navarro Coelho: "*O templo, dada a isonomia de todas as religiões, não é só a catedral católica, mas a sinagoga, a casa espírita kardecista, o terreiro de candomblé ou de umbanda, a igreja protestante, shintoísta e a mesquita maometana. Pouco importa tenha a seita poucos adeptos. Desde que uns na sociedade possuam fé comum e se reúnam em lugar dedicado exclusivamente ao culto da sua predileção, este lugar há de ser um templo e gozará de imunidade tributária*" (*Curso de Direito Tributário Brasileiro*, Forense, Rio de Janeiro, 9ª ed., 2006, pp. 303 e 304).

96. Pensamos, no entanto, que não reveste a natureza jurídica de templo religioso, um espaço localizado numa escola, num hospital, num aeroporto ou num *shopping center*, onde as pessoas podem se recolher, para meditar e orar.

XXIIIb- Os templos turísticos também são abrangidos pela imunidade tributária em foco, ainda que neles não sejam rotineiramente celebrados cultos religiosos, quer por falta de espaço, quer por estarem mal-conservados, a ponto de colocarem em risco a segurança das pessoas que os frequentam. O mesmo vale para os templos nos quais não mais se celebram cultos, mas que conservam o caráter místico, pelas imagens, esculturas e objetos sagrados neles existentes, cuja simples contemplação estimula a fé dos fiéis. Em qualquer dessas hipóteses, pouco importa se a entrada nos locais depende do pagamento de ingressos, desde que os valores obtidos, ainda que vultosos, revertam, depois de descontados os custos de manutenção, em benefício do culto.

XXIIIc- Também são alcançadas pela desoneração constitucional em análise as instituições religiosas que mantêm centros ecumênicos, vale dizer, locais destinados à celebração, separada ou conjuntamente, de cultos de diversas denominações. Ela continua presente, mesmo quando lhes proporcionam ganhos econômicos, bastando, para isso, que estes se destinem ao custeio de tais práticas multirreligiosas.[97]

XXIIId- Por igual modo, são tributariamente imunes os cemitérios[98] religiosos que prestam, para particulares, serviços remunerados,[99] já que também se destinam a colaborar,

97. O manto da imunidade tributária deixa, porém, de proteger as entidades ateístas, que não revestem a natureza jurídica de "*templos de qualquer culto*" porque seus membros descreem da existência de quaisquer seres transcendentais e não possuem convicções religiosas.

98. A palavra "cemitério", vem do latim *coemeterium*, que, por sua vez, deriva de *cinisterium* (cinos: doce e renor: mansão), como do grego *kouméterion*, de *kaimâo*, que significa "*eu durmo*" ou "*lugar para dormir*" (dormitório).
Preferimos a palavra "*cemitério*" à sua sinônima "*necrópole*", nome que deriva do grego antigo νεκρόπολις *nekropolis*, que significa literalmente "*cidade dos mortos*". Nisso, estamos com Carlos Drummond de Andrade, que, numa divertida crônica, escreveu: "*quando eu morrer, por favor, me enterrem num cemitério; nunca, numa necrópole*".

99. Para que a imunidade alcance os cemitérios religiosos que prestam serviços remunerados a particulares, basta que os valores obtidos tenham destinação consentânea com as finalidades essenciais do culto e não prejudiquem a livre-concorrência com os cemitérios privados.

cooperar, auxiliar ou desenvolver atividades relacionadas às finalidades essenciais da Igreja a que estão vinculados.[100]

Demais disso, tais cemitérios invariavelmente possuem infraestrutura para prestar atendimento espiritual, apoio e acompanhamento social e pastoral às famílias enlutadas. Na capela ou local equivalente, bem como nas salas de velórios, nos salões adjacentes, nas tendas dos jardins sociais e até em meio ao campo dos jazigos, são celebradas liturgias das exéquias, que na religião católica, por exemplo, compreendem, entre outros ritos, missas campais, santas missas semanais, missas de corpo presente e de sétimo dia, bem como orações do terço.[101]

Abrindo um rápido parêntese, a morte, como diversos outros eventos deste mundo, tem suma importância para a fé dos fiéis. Continuando no exemplo da religião Católica Apostólica Romana, trata-se de mistério ligado à ressurreição de Cristo. Mais especificamente, a morte, para o cristão, não é o fim de tudo, mas um renascimento, que o leva a se associar à imagem de Cristo. Trata-se da entrega a Deus do corpo terreno, falho, frágil, perecível, para a posterior ressurreição, na glória eterna, como corpo incorruptível.

O cemitério católico é, pois, parte indissociável dessa profissão de fé. É o local onde se ora pelos cristãos que já se foram, para que sejam livres de seus pecados. É, ainda, o local de descanso dos seus corpos, até que a morte seja definitivamente derrotada, quando, no fim dos tempos, tornarão à vida plena, ressuscitando em Cristo.

Retomando o fio do raciocínio, a assertiva supra não é infirmada pela circunstância de o atendimento funerário ser eventualmente oferecido também a pessoas que não professam

100. V., supra, inc. IXa.

101. Cada religião tem seus próprios ritos fúnebres, que, como determina a Constituição Federal, devem ser igualmente respeitados.

a fé católica ou até são ateias. Isso porque, se buscam o cemitério religioso, aderem e compartilham dos seus valores.

Força é convir, pois, que a realidade dos cemitérios religiosos vai além da dos cemitérios públicos e privados, que gira em torno apenas de questões de higiene e de saúde pública, mormente da forma mais adequada de se desfazer de um cadáver e de evitar a propagação de doenças.[102]

Enfim, os cemitérios religiosos, que prestam serviços a particulares, também são locais de culto, pelo que, tanto quanto a Igreja a que estão vinculados, fazem jus à imunidade contemplada no art. 150, VI, "b", da Constituição Federal. Não a perdem, ainda que cobrem pelos serviços fúnebres que prestam.

Evidentemente, esses valores devem reverter em benefício das confissões religiosas a que os cemitérios estão vinculados, o que não impede, que seus administradores e funcionários recebam salários compatíveis com as leis de mercado, nem que os recursos obtidos sejam aplicados em investimentos financeiros, que aumentarão o patrimônio das Igrejas.

XXIV- Chancelando tais diretrizes, o Supremo Tribunal Federal decidiu, vezes iterativas, que "*templo*", para os fins do art. 150, VI, *b*, da Constituição Federal, mais do que o local físico onde se realizam as cerimônias religiosas, é o conjunto de espaços e bens postos a serviço da Igreja, de sorte que a imunidade se estende aos seus prédios, veículos, móveis, equipamentos, ornamentos, símbolos, vestes etc., desde que relacionados às finalidades essenciais do culto.

No que tem decidido bem, pois, como observa, do alto de sua autoridade, Aliomar Baleeiro:

> A imunidade relativa aos "templos de qualquer culto" só produzirá todos os frutos almejados pela Constituição se for

---

102. Os cemitérios privados, por terem ânimo de lucro, não gozam da imunidade apontada no art. 150, VI, *b*, da Constituição Federal, ainda que, no local, sejam, em algumas oportunidades, celebrados cultos religiosos.

> interpretada sem distinções sutis nem restrições mesquinhas. O culto não tem capacidade econômica. Não é fato econômico. O templo não deve ser só a igreja, sinagoga ou edifício principal, onde se celebra a cerimônia pública, mas também a dependência acaso contígua, o convento, os anexos por força de compreensão, inclusive a casa ou residência do pároco ou pastor, desde que não empregados em fins econômicos.
>
> (...)
>
> Não repugna à Constituição inteligência que equipare ao templo – imóvel – também a embarcação, o veículo, o vagão ou o avião usado como templo móvel, exclusivamente para a prática do culto. As 'missões', em culto itinerante, podem utilizar, imunes de impostos, meios de transporte adaptados unicamente à finalidade do culto a que se propõem.[103]

De fato, de pouco valeria considerar imune ao *IPTU* o templo propriamente dito e fazer incidir o tributo sobre o imóvel pertencente à confissão religiosa, onde o oficiante do culto reside, prepara suas homilias e atende aos interessados em obter assistência espiritual. Seria o mesmo que dar com a mão direita e tirar com a esquerda, o que, por óbvio, a Constituição não faz.[104]

XXV- No referente ao imóvel rural, a Igreja regularmente constituída é imune ao ITR, quando ali desenvolve atividades essenciais ao culto – como a formação de religiosos. A situação não se descaracteriza, ainda que presentes, no local, empreendimentos hortifrutigranjeiros ou agropastoris, desde que a produção se destine ao consumo interno ou, se ao comércio, que não afronte o princípio da livre-concorrência e os resultados obtidos revertam em benefício da própria Igreja.

---

103. *Limitações Constitucionais ao Poder de Tributar* (atualização de Misabel Derzi), Forense, Rio de Janeiro, 8ª ed., 2010, p. 503.

104. Outra não é a lição de Carlos Maximiliano; *verbis*: "*A Constituição não destrói a si própria. Em outros termos, o poder que ela confere com a mão direita, não retira, em seguida, com a esquerda*" (*Comentários à Constituição Brasileira de 1946*, 5ª ed., vol. I, Rio de Janeiro, Freitas Bastos, pp. 134).

XXVI- Estão igualmente abrangidos pela imunidade em tela, os rendimentos obtidos pela entidade religiosa, quando promove uma quermesse, contanto que, comprovadamente, revertam em benefício do culto. O mesmo se pode dizer da prestação dos serviços de comunicação radiofônica e televisiva, realizados com intuito de evangelização.

Afinal, a própria imunidade aos impostos, outorgada aos templos de qualquer culto, traz à sirga o reconhecimento de que eles têm o direito de valer-se dos meios materiais lícitos, que darão suporte ao pleno atingimento dos seus elevados fins.

Com efeito, a Constituição Federal – único documento normativo autorizado a tratar de imunidades tributárias – não impede que as Igrejas desenvolvam atividades econômicas, seja por meio de aluguel de bens, seja mediante prestação onerosa de serviços, seja, ainda, comercializando mercadorias. Neste último caso (atividade comercial), porém, as rendas somente estarão cobertas pela imunidade tributária em foco, se relacionadas com as *finalidades essenciais* do *templo de qualquer culto*.

Destarte, a Igreja pode explorar estacionamentos de veículos, realizar bazares beneficentes, promover festas, com cobranças de ingressos etc., sem que isso, *de per se*, faça aluir a imunidade tributária prevista no aludido art. 150, VI, *b*, da Constituição Federal. As rendas auferidas serão alcançadas pela imunidade, desde que revertam integralmente no custeio e na manutenção da atividade religiosa.

Assim é porque, como já vimos, a imunidade em pauta existe justamente para permitir a continuidade dos cultos religiosos, garantir a liberdade de crença religiosa e proteger o lugar de culto e liturgias, tudo nos termos do art. 5º, VI, da Magna Carta.

XXVIa- Realmente, sem a imunidade do patrimônio, das rendas e dos serviços relacionados às finalidades essenciais da Igreja, a própria continuidade dos cultos religiosos estaria em risco, porque dependeriam da sempre incerta doação dos fiéis, ainda mais nos tempos atuais, marcados pelas graves crises econômicas.

Saliente-se que a *finalidade* é o próprio fundamento da desoneração constitucional, pois é ela que vai determinar a correta aplicação das leis[105] e dos atos administrativos[106] que incidem sobre os templos de qualquer culto.

XXVIb- Enfim, os templos religiosos ao desempenharem atividades econômicas, não o fazem com finalidades lucrativas. Por isso, quando aplicam as receitas obtidas, seja na continuidade de suas ações religiosas, seja em programas de assistência social – atendido, pois, o requisito da finalidade da destinação dos recursos –, conservam a imunidade do art. 150, VI, *b*, da Constituição Federal.

XXVII- De qualquer modo, a imunidade, como anota Luís Eduardo Schoueri, não pode atropelar o princípio constitucional da livre-iniciativa.[107]

Portanto, a imunidade passa ao largo, quando se demonstra a existência, no culto, de finalidade primacialmente mercantil, isto é, de práticas típicas das entidades lucrativas, que provocam desequilíbrio concorrencial e – pior – que levam ao enriquecimento pessoal dos membros da Igreja.

Mas, a desoneração tributária permanece íntegra se os rendimentos obtidos por meio de atividades econômicas custearem as *finalidades essenciais* dos templos de qualquer culto.

XXVIIa- Reconhecemos que, no passado, nos pronunciamos no sentido de não estarem cobertas pela imunidade, as rendas provenientes da exploração econômica de estacionamentos, da venda de imagens sacras, velas, óleos santos, objetos religiosos, vestes sacerdotais etc., ainda que revertessem

---

105. V. a respeito, de Miguel Seabra Fagundes, *O Controle dos Atos Administrativos pelo Poder Judiciário*, Forense, Rio de Janeiro, 3ª ed., 1957, p. 41.

106. V., a respeito, de Hely Lopes Meirelles, *Direito Administrativo Brasileiro*, Malheiros Editores, São Paulo, 34ª ed., 2008, p. 111.

107. *Contribuição ao Estudo do Regime Jurídico das Normas Tributárias Indutoras como Instrumento de Intervenção sobre o Domínio Econômico*, tese de titularidade, Faculdade de Direito da USP, São Paulo, 2002, p. 381.

em benefício do culto. Justificávamos nossa posição, argumentando que elas não eram finalidades essenciais ao culto, mas meramente temporais, esbarrando assim, na restrição veiculada no art. 150, § 4º, da Constituição Federal ("*as vedações expressas no inciso VI, alíneas 'b' e 'c', compreendem somente o patrimônio, a renda e os serviços relacionados com as finalidades essenciais das entidades nelas mencionadas*").

Ocorre, porém, como tantas vezes se disse, que nada neste mundo foi suficientemente pensado, que não possa ser repensado. Sempre se pode voltar a encarar um assunto de modo renovado.[108]

XXVIIb- Assim, hoje, depois de retrilhar os caminhos do nosso pensamento,[109] estamos convencidos de que o supramencionado parágrafo, por envolver restrições, há de ser interpretado com cautela ("*exceptio est strictissimae interpretationis*"), de modo a não afetar o âmago do preceito imunizante em pauta.

Nosso atual ponto de vista é no sentido de que o § 4º, do art. 150, da Constituição Federal, ao aludir às "*finalidades essenciais*" dos templos de qualquer culto, não leva em conta – ao contrário do que uma primeira leitura revela – o *modo* pelo qual os recursos são carreados para a Igreja, mas o *lugar* para onde devem ir. Desde que comprovadamente se destinem à mantença do culto e das atividades da Igreja, implementa-se a resolução constitucional em pauta.

Noutras palavras, se as rendas obtidas, ainda que de forma atípica, pela instituição religiosa, tiverem aplicação

108. Como acentua, com toda a propriedade, Ernest Bloch: "*Tudo o que é sensato pode já ter sido sete vezes pensado. Todavia, quando foi novamente pensado, em outro tempo e lugar, não era mais o mesmo. Não apenas seu pensador, mas sobretudo aquilo a ser pensado alterou-se neste interregno*" (citado por Reinhard Singer, em seu artigo "*Direitos Fundamentais no Direito do Trabalho*", traduzido por Pedro Scherer de Mello Aleixo e publicado no livro *Direitos Fundamentais e Direito Privado – Uma Perspectiva de Direito Comparado*, Almedina, Coimbra, 2007, p. 327).

109. Vale, neste passo, a clássica frase de Blaise Pascal: "*Não me envergonho de mudar de opinião, porque não me envergonho de pensar*".

consentânea com as finalidades essenciais do culto, o reconhecimento da imunidade tributária é de rigor.

Concordamos, pois, com Regina Helena Costa, quando observa:

> Pensamos que o que a Lei Maior exige é uma correspondência entre a renda obtida pelo templo e sua aplicação; então, havendo relação entre a renda e as finalidades essenciais, satisfeita estará a vontade constitucional. Logo é a "destinação" dos recursos obtidos pela entidade o fator determinante do alcance da exoneração constitucional.[110]

De fato, a imunidade se mantém quando os recursos, ainda que obtidos no mercado convencional, são totalmente direcionados à Igreja, para que os empregue na consecução de suas finalidades essenciais.

XXVIIc- Caso se demonstre que a entidade religiosa, ainda que aufira recursos desenvolvendo atividades puramente temporais, os aplica para a consecução de seus objetivos espirituais, não há motivos jurídicos para retirar-lhe a imunidade do art. 150, VI, *b*, da Constituição Federal.

No mínimo, o assunto há de ser examinado com cautela. Somente a análise imparcial e despreconceituosa de cada caso concreto revelará se as *finalidades essenciais* do culto estão, ou não, sendo atendidas, com os rendimentos da Igreja.

É preciso aferir, também, se o ingresso da Igreja no mercado tipifica concorrência desleal com as empresas privadas que operam no mesmo setor. Em caso positivo, as atividades laicas da instituição religiosa devem cessar, sob pena de suspensão da imunidade tributária.

Todavia, a desoneração constitucional se mantém quando produtos são comercializados exclusivamente pelas Igrejas,

110. *Op. cit.*, p. 160.

ainda que haja concorrência entre elas, porque isso não ocasiona desequilíbrio na liberdade de mercado.

XXVIII- É certo que § 4º, do art. 150, da Constituição Federal, estabelece que a imunidade aos impostos dos templos de qualquer culto "*compreendem somente o patrimônio, a renda e os serviços, relacionados com as finalidades essenciais das entidades nelas mencionadas*".

Esse dispositivo, ao contrário do que pode parecer ao primeiro subido de vista, não infirma o que acabamos de sustentar, pois, segundo pensamos, cuida, no ponto que ora nos interessa, dos bens (móveis e imóveis), rendas e serviços relacionados ao bom funcionamento da Igreja e à ampliação do número de seus fiéis. Desde que comprovadamente se destinem à mantença ou, mesmo, ao aperfeiçoamento do culto, realiza-se o desígnio constitucional em pauta.

Quanto ao patrimônio da Igreja, pouco importa o tipo de bens que a ele serão incorporados. O que a Constituição protege não é o bem em si mesmo considerado, mas os fins a que se destina. Se, pela óptica dos líderes religiosos e dos fiéis, ele for essencial ao exercício do culto religioso, é abrangido pela imunidade.

Segue-se, do exposto, que o patrimônio, as rendas e os serviços (as atividades em benefício dos fiéis) da Igreja, desde que de origem lícita e preordenados ao culto – finalidades essenciais da instituição religiosa – são imunes aos impostos. O mesmo se pode dizer das operações destinadas a ampliar-lhe o patrimônio e as rendas, bem como das aquisições dos insumos necessários à prestação dos serviços religiosos.

O único limite que o § 4º, do art. 150, da Constituição Federal traça, para o gozo da exoneração constitucional, é a impossibilidade de a Igreja distribuir seus bens ou rendimentos aos que a dirigem ou a terceiros que nelas desempenhem atividades laicas (porteiros, vigilantes, eletricistas, faxineiros etc.), nada impedindo, no entanto, que os remunere de acordo com as leis de mercado.

Em suma, o que o dispositivo constitucional em foco veda é a apropriação dos haveres da Igreja, para serem utilizados em finalidades divorciadas do seu ideário. Se ela auxilia materialmente, inclusive no exterior, entidades congêneres, não perde o direito à imunidade tributária.

Esta somente cede passo quando o patrimônio, a renda ou os serviços da Igreja são direcionados a finalidades estranhas ao culto ou ao seu ideário, cabendo ao Poder Público o ônus da prova de tais desvirtuamentos.[111]

XXVIII- Prosseguindo nesta senda, temos por irrelevante a natureza da fonte dos recursos da Igreja (aluguéis, prestações onerosas de serviços, aplicações financeiras etc.). Basta que seja lícita e não arremeta contra o princípio da livre-concorrência.[112]

Dignas de aplauso, a respeito, as percucientes observações de Aires Fernandino Barreto; *verbis*:

> Salvo se houver agressão ao princípio da livre-concorrência, no mais podem as rendas ser provenientes de quaisquer fontes lícitas. Isto é até desejável juridicamente. Nada tem de repugnante. Pelo contrário, a simples presença no texto constitucional da imunidade para essas entidades já mostra ser desígnio constitucional claro que elas obtenham rendas, empreguem seu patrimônio e desempenhem serviços tendo em vista esse objetivo, que, por sua vez, irá suportar, custear financeiramente aquelas finalidades realizadoras de valores constitucionalmente prestigiados. (...)

---

111. Nessa linha, o STF, no julgamento do ARE n. 800.395 AgR, decidiu "[n]*ão cabe à entidade religiosa demonstrar que utiliza o bem de acordo com suas finalidades institucionais. Ao contrário, compete à administração tributária demonstrar a eventual tredestinação do bem gravado pela imunidade*".

112. A imunidade do art. 150, VI, b, da Constituição Federal somente desaparece, se a atividade econômica da Igreja (com exploração de estacionamento, locação de imóvel, venda de objetos religiosos etc.) causar desequilíbrio na concorrência, o que, diga-se de passagem, deverá ser provado e comprovado, pelos meios em direito admitidos.
Tal desequilíbrio, no entanto, não ocorrerá se inexistirem, pela quantidade e habitualidade, atividades mercantis e, evidentemente, se os recursos obtidos forem, todos eles, destinados à concretização das finalidades essenciais da Igreja.

> Se essas entidades têm imóveis, não se espera que eles fiquem ociosos. Se elas possuem terrenos, é altamente desejável que os explorem, direta ou indiretamente, com estacionamentos ou qualquer outra forma. Se são titulares de prédios, é bom que os aluguem, desde que fortaleçam suas finanças. Se têm maquinaria e pessoal especializado, que invistam em editoras ou que prestem serviços de variada ordem. Suas finalidades são constitucionalmente queridas. E só são realizáveis com recursos financeiros. E esses recursos financeiros não existiriam se as entidades não alugassem, não prestassem serviços, não auferissem rendas. (...)
>
> **Seja em se tratando de templo**, de partido político, de suas fundações, de instituição de educação ou de assistência social, o que a Constituição protege são os fins consistentes na liberdade do exercício do culto religioso, na prestação de educação e no oferecimento de assistência social. O que a Constituição veda é a distribuição de "lucros" (melhor seria "superávits").[113]

Diante dessa primorosa lição, só nos resta aplaudi-la.

XXVIIIa- Portanto, as aquisições de bens móveis ou imóveis e as rendas (provenientes de lucros, ganhos de capital e alugueres de imóveis), desde que "*relacionadas às finalidades essenciais*" do culto, passam ao largo dos impostos que, de regra, incidem sobre estas operações jurídicas. Sendo ainda mais explícitos: as rendas da Igreja, se diretamente relacionadas às finalidades essenciais do culto, são imunes ao *IRPJ*; os serviços por ela prestados a título oneroso, desde que também revertam em benefício do culto, imunes ao *ISS*; seu patrimônio, que lhe dá visibilidade material e reforça a fé de seus adeptos, imune ao *imposto sobre a importação*, ao *IPTU*, ao *ITBI*, ao *IPI*, ao *ICMS*; etc.

XXIX - Ao assim nos posicionarmos, estamos a seguir tendência do próprio Supremo Tribunal Federal, manifestada na Súmula nº 724,[114] que embora aluda às situações de

113. *Curso de Direito Tributário Municipal*, Saraiva, São Paulo, 2009, pp. 62 e 63 (grifamos).

114. Supremo Tribunal Federal – "*Súmula nº 724. Ainda quando alugado a terceiros permanece imune ao IPTU o imóvel pertencente a qualquer das entidades referidas pelo art. 150, VI, 'c', da Constituição, desde que o valor dos aluguéis seja aplicado nas atividades essenciais de tais entidades*".

imunidade traçadas no art. 150, VI, *c*, da Constituição Federal (partidos políticos e suas fundações, entidades sindicais dos trabalhadores, instituições de educação e de assistência social, sem fins lucrativos), revela que o que importa, para usufruir da desoneração em tela, não é o *modo* como os ganhos são obtidos, mas *como* vêm aplicados. Afinal, como nos ensina a Lógica, para a mesma *ratio decidendi*, deve ser aplicada a mesma solução. Definitivamente, o que se protege dos impostos são os valores que revertem em benefício da Igreja e de seus objetivos espirituais, ainda que decorram de atividades não diretamente religiosas.

Em contranota, a imunidade cessa se for comprovado que as rendas das Igrejas são aplicadas em fins diversos do culto – por exemplo, no enriquecimento dos seus líderes.

De conseguinte, correndo-nos de posição anteriormente assumida, pensamos que os ganhos provenientes de aluguéres de imóveis, da locação do salão de festas da Igreja, da participação em sociedades com fins lucrativos (depois de estas terem recolhido os tributos de estilo), da prestação onerosa de serviços etc., ajustam-se aos ditames do precitado art. 150, § 4º, da Constituição Federal, bastando que – insistimos – revertam em benefício do culto, melhor assegurando a liberdade de crença. Em suma, é suficiente, para a exoneração constitucional, que haja comprovada relação entre as receitas auferidas e as "*finalidades essenciais*" da confissão religiosa.

XXIXa- No concernente aos imóveis que integram o patrimônio das Igrejas, a imunidade tributária permanece, se os ganhos obtidos com sua exploração econômica forem totalmente aplicados nas atividades essenciais do culto.

Nessa trilha, o Supremo Tribunal Federal tem reconhecido a imunidade tributária dos templos de qualquer culto, com relação ao *IPTU*, ainda que sobre imóveis locados (RE 257.700) ou utilizados como escritório e residência de membros da Igreja (RE 221.395), bem como, com relação ao *ISS*, sobre o preço cobrado em estacionamento de veículos (RE 144.900).

XXIXb- A nosso sentir, também há imunidade ao *IPTU*, sobre a propriedade de terreno pertencente à Igreja, ainda que ali não exista, à época da ocorrência do pretenso *fato imponível* (fato gerador *in concreto*), um templo edificado. É suficiente que o imóvel esteja preordenado à construção de um templo.

Como se vê, embora a imunidade das Igrejas tenha sua extensão delimitada pelo § 4º, do art. 150, da Constituição Federal, que alude ao patrimônio, à renda e aos serviços relacionados com as *finalidades essenciais* do culto, tudo o que a este de algum modo se relacione – por estar posto a serviço da divulgação da fé religiosa – é abrangido pela desoneração tributária em foco. É o que se dá, por exemplo, com o custeio de viagens ao exterior de sacerdotes, para que realizem os estudos que os qualificarão, ainda mais, para levarem avante suas missões espirituais.

XXIXc- Por igual modo, não perde a imunidade a Igreja que criar um "*memorial*" ou um museu, em área do templo ou a ela contígua, onde os fiéis, mediante o pagamento de um ingresso, poderão conhecer a história da instituição, assistir a filmes e palestras de cunho religioso, aprofundar seus conhecimentos sobre a doutrina do culto, visitar as cinzas de seus familiares e amigos, recordando-os e rendendo-lhes homenagens, e assim avante. Desde que os valores cobrados sejam utilizados para o custeio destes espaços, a desoneração tributária continuará de pé.

Com efeito, como não há duvidar, estes locais de peregrinação, de oração, de contemplação, de conhecimento religioso e de paz interior, também estão diretamente relacionados com as *finalidades essenciais* da confissão religiosa e, por isso, não só não retiram a imunidade tributária dos templos de qualquer culto, como são por ela alcançados.

XXX- Pedimos vênia para insistir que não há nenhuma regra constitucional, quer explícita, quer implícita, que proíba a Igreja de manter seu patrimônio ou, mesmo, de tomar as medidas conducentes à sua crescença ou aperfeiçoamento, até porque, com tais cautelas, ela tenderá a ganhar um número maior de fiéis, além de melhor se instrumentar para atingir seus objetivos transcendentais. O que não lhe é dado fazer é distribuir seus ganhos ou tê-los como objetivo precípuo.

De fato, na medida em que a Constituição Federal garante a liberdade de religião, todos os meios de assegurá-la e incrementá-la, notadamente o modo de divulgação de suas doutrinas e ideais, há de ser protegido, inclusive em matéria tributária.

Logo, também as doações que, para atingir seus elevados objetivos, as Igrejas fazem a hipossuficientes, não as transformam, como num passe de mágica, em contribuintes sujeitos aos impostos em geral. Para que a imunidade prossiga existindo, basta que tais atos de benemerência e solidariedade sejam levados a efeito para a realização das "*finalidades essenciais*" do culto.

O mesmo vale quando valores ou bens recebidos dos fiéis engrossam o patrimônio das Igrejas.

XXXI- Mas, retomando o assunto, temos que, sem novos bens ou rendas, ou estando eles estagnados ou inativos, a Igreja tenderá a desaparecer, o que, de resto, contradiz o ideário do Diploma Magno, que é exatamente o de permitir que ela se desenvolva e ajude a realizar o valor *liberdade religiosa*.

Depois, se as próprias pessoas políticas, sem perda de *status*, remuneram-se pelos serviços que prestam, obtendo, assim, os meios econômicos que lhes permitem alcançar os fins que a Constituição lhes aponta, o mesmo, *mutatis mutandis*, podem fazer as Igrejas, sem que se lhes afaste a imunidade tributária. As rendas destas últimas, desde que aproveitadas em suas finalidades essenciais (religiosas), podem perfeitamente provir de serviços remunerados, que escaparão à incidência do *ISS*; de aluguéis de imóveis e de doações em dinheiro, que refugirão ao *IRPJ*; de vendas de objetos sacros, que não serão alcançadas pelo *ICMS;* e assim por diante.

Logo, a adoção, pela Igreja, de medidas econômicas, bem como a cobrança de preços – ainda que correspondam aos de mercado – pelos serviços prestados à comunidade, não a transforma, como num passe de mágica, numa empresa privada, sujeita aos tributos em geral. Para que a imunidade continue presente, basta que as rendas e receitas daí advindas venham empregadas na realização de suas finalidades essenciais.

Assim é, pois qualquer situação de imunidade deve ser interpretada em consonância com suas finalidades, o que leva a afastar, da Igreja, a incidência de impostos que fatalmente desfalcariam seu patrimônio e, com isso, acabariam por prejudicar a própria continuidade da fé religiosa.

XXXII- Além de tudo, as Igrejas, por "*viverem no mundo*", têm o direito de nele buscarem os meios que lhes garantirão a sobrevivência e a prosperidade. Tal a lição de Matteo de Mori; *verbis*:

> A realidade humana e visível da Igreja postula que essa deva viver no mundo com os meios que o mundo coloca à disposição mesmo enquanto estes possam servir de atingimento dos próprios fins espirituais.[115]

Efetivamente, quanto o Direito dá os fins (no caso, a liberdade religiosa), *ipso facto* dá os meios – inclusive os materiais – para alcançá-los (Rui Barbosa). Pois bem, os aportes financeiros das Igrejas nada mais são do que os *meios materiais*, destinados a dar suporte econômico às suas – desinteressadas e de relevante interesse público – *finalidades essenciais*.

Noutros falares, se a Constituição Federal assegura proteção aos "*templos de qualquer culto*" (tanto que sobre eles estende o manto da imunidade tributária), segue-se logicamente que tudo o que licitamente possibilitar o atingimento de seus objetivos essenciais é abrangido por esta mesma proteção.

115. *Il tributo ecclesiastico nella normativa codiciale attuale*, Ponficium Athenaeum Antonianum, Facultas Iuris Canonici, Romae, 1997 (traduzimos).

De fato, não faria o menor sentido que os cultos tivessem recebido proteção da ordem jurídica e as Igrejas, que afinal os viabilizam, vissem onerados, com impostos, os meios financeiros que os possibilitam.

XXXIII- Dando seguimento à nossa manifestação, entendemos que os donativos ou aportes de capital realizados, pelas pessoas físicas ou jurídicas, em favor das confissões religiosas, não trazem, para estas, encargos tributários, maiormente, o de recolherem o *imposto sobre a renda da pessoa jurídica* (*IRPJ*). É que corretamente tem-se aceitado que estes rendimentos permitem que, ao recebê-los, melhor se instrumentem a levar avante suas atividades essenciais.

O mesmo se pode dizer das prestações que recebem de seus fiéis, por meio de oblações,[116] oferendas (esmolas ou coletas)[117] e liberalidades de uso.

XXXIIIa- A propósito, não devemos confundir *doação*, *dízimo* e *esmola*.

A *doação* é negócio jurídico bilateral e, destarte, somente se completa quando houver a aceitação, por parte do donatário, do bem ou do direito cedido, a título gratuito, pelo doador. Conforme preceitua o art. 538, do Código Civil, "*considera-se doação o contrato em que uma pessoa, por liberalidade, transfere do seu patrimônio bens ou vantagens para o de outra*". Para que se configure, é imprescindível que a oferta seja aceita pelo donatário (cf. arts. 539, 542 e 543, do *CCiv*).

---

116. *Oblações* são disposições patrimoniais, feitas por ato *inter vivos* ou *mortis causa*, em favor de entidades eclesiásticas, com uma finalidade sobrenatural.

117. *Oferendas* são doações manuais por meio das quais se atendem às necessidades de entidades eclesiásticas e se facilita a realização de seus fins (de culto ou caritativos), sem que a relação jurídica entre o ofertante e o aceitante, completada com a *traditio*, origine posteriores efeitos jurídicos.
Tais oferendas podem realizar-se, seja de forma ocasional (esmolas), seja mediante coletas e não se revestem de nenhum tipo de formalismo (entrega instantânea e ausência de um documento justificativo das mesmas).

O *dízimo*, de seu turno, é uma entrega espontânea de dinheiro, que o fiel faz, sem reservas ou condições, à sua Igreja.[118] Resulta de um compromisso consciente do fiel para com Deus, no sentido de voluntariamente repartir parte do que possui, em favor da Igreja e das pessoas mais carentes. Trata-se, pois, de um ato meta-jurídico, vale dizer, que escapa ao controle do Direito. Além disso, por girar em torno de um sentimento de piedade e independer, para seu válido surgimento, da aceitação de quem o recebe, não abre espaço à revogação.

Por fim, a *esmola* é o que a pessoa dá ao pobre, sem nada de material esperar em troca, eis que movida apenas pelo sentimento de comiseração.[119]

XXXIV- Também estamos convencidos de que a imunidade em tela se estende às aplicações financeiras, no Brasil e no exterior, dos rendimentos da Igreja (provenientes, por exemplo, de doações dos fiéis), porque, preservando-lhe o patrimônio, melhor garantem o culto religioso, sem caracterizar, no entanto, ânimo de lucro.

Anotamos que o ânimo de lucro se caracteriza, não pela mera obtenção de rendas (qualquer que seja sua origem), mas pela sua obtenção com o fito de reparti-las. Dito de outro modo, mais técnico, o *lucro objetivo* (a obtenção de rendas)

---

118. Na religião católica, o dízimo vem regulado pelo cânone 222, § 1º, do Código de Direito Canônico; *verbis*: "*Cânone 222 - § 1º. Os fiéis têm a obrigação de prover às necessidades da Igreja, de forma que ela possa dispor do necessário para o culto divino, para as obras de apostolado e de caridade, e para a honesta sustentação dos seus ministros*". Trata-se, como se vê, de um dever a ser cumprido pelos próprios fiéis ("*aqueles que por terem sido incorporados a Cristo pelo batismo, foram constituídos em povo de Deus*", conforme dispõe o Cânone 204, § 1º), em favor da Igreja, o que farão, evidentemente, de acordo com suas disponibilidades financeiras, isto é, sem se privarem do necessário à própria mantença e a de seus dependentes econômicos.
Já o § 2º, deste mesmo cânone, impõe a todos, mas maiormente aos fiéis, a obrigação de, imitando Cristo, promoverem a justiça e, sem disso fazer praça, serem caridosos para com os desvalidos. Confira-se: "*Cânone 222 - § 2º. Têm ainda a obrigação de promover a justiça social e, lembrados do preceito do Senhor, de auxiliar os pobres com os seus próprios recursos*".

119. Em termos estritamente técnicos, é equivocado dizer, pois, que os fiéis dão esmolas à Igreja a que pertencem.

não alui a imunidade tributária em pauta; o que a afasta é o *lucro subjetivo* (a distribuição das rendas entre os dirigentes da Igreja), que, este sim, tipifica ânimo de lucro.

Então, Igreja *sem ânimo de lucro,* não é a que deixa de perseguir ou obter rendas (*lucro objetivo*), mas a que, no caso de obtê-las, longe de distribuí-las aos seus líderes ou membros (*lucro subjetivo*), as destina à consecução de fins espirituais.[120]

XXXV- Ainda acerca do assunto, a imunidade das Igrejas independe, para ser fruída, da obediência aos requisitos apontados em lei (complementar); ao contrário do que se dá com as instituições assistenciais e educacionais, sem fins lucrativos, *ex vi* do disposto no art. 150, VI, *c*, *in fine*, da Constituição Federal.

Trata-se, como não é difícil perceber, de uma imunidade incondicionada, porque, para ser reconhecida, basta que a instituição religiosa observe os pressupostos apontados no texto constitucional.

Sendo mais específicos, é suficiente, para a permanência da desoneração tributária, que as Igrejas não se afastem da ampla difusão da fé e que, em sintonia com o prescrito em suas doutrinas e valores espirituais, amparem, inclusive materialmente, as pessoas que delas se aproximarem, o que, de resto, vem ao encontro do disposto no já estudado art. 150, § 4º, da Constituição Federal.

Portanto, desde que preencham suas finalidades essenciais, as Igrejas podem perfeitamente, sem perda da imunidade, aplicar parte dos seus rendimentos no exterior, a fim de

---

120. Digno de encômios, pelo poder de síntese e pela exatidão, o seguinte comentário de Isidoro Martín Dégano: "*Definitivamente, a entidade sem ânimo de lucro não é aquela que não persegue ou não obtém rendas, mas a que, no caso de obtê-las, não as pode distribuir entre seus membros, já que as destina a outro fim. Quer dizer, a falta de um lucro subjetivo, entendida como a proibição expressa de distribuir os ganhos auferidos, é o que define estas entidades*" (*El régimen tributario de las confesiones religiosas y de sus entidades en el derecho español*, Monografia Ciências Jurídicas, McGraw-Hill, Madrid, 1999, p. 47, traduzimos).

divulgar sua fé, seu corpo de doutrinas e seus valores espirituais. Definitivamente, não carecem, neste particular, de se prenderem às fronteiras do nosso País.

XXXVa- O assunto foi bem estudado por Ives Gandra da Silva Martins; *verbis*:

> Fora a hipótese do § 4º, não há qualquer limitação imposta às igrejas na aplicação de seus recursos, lembrando-se que as igrejas históricas cristãs, de fundadores conhecidos, são igrejas plurinacionais, em que os seus fiéis comungam da mesma crença e ideais, independentemente da nação em que vivem, e se autoauxiliam na expansão da fé e dos princípios de caridade e benemerência.
>
> O toque mais relevante de tais igrejas é sua universalidade e sua autocomunicação, como acontece com a Igreja Católica romana, cujas diretrizes de preservação da fé e de definição missionária se conformam em Roma, ou com a Igreja Adventista, cuja General Conference Corporation of Seventh-Day Adventists está sediada nos Estados Unidos.
>
> Em outras palavras, todas as igrejas históricas são Igrejas Universais, espalhando seus movimentos catequéticos e suas obras de benemerência e difusão da fé e de valores por todo o mundo.[121]

Tem razão o preclaro jurista. Realmente, quase todas as religiões praticadas no Brasil ostentam foros de universalidade e, quando aqui chegaram, já estavam com seus dogmas, cultos, sacramentos etc., consolidados no exterior.

Foi, sem dúvida, o que se deu com Igreja Católica Apostólica Romana, que, tinha representantes nas próprias caravelas capitaneadas por Pedro Álvares Cabral. Tanto isso é certo que, como refere a famosa "*Carta*" de Pero Vaz de Caminha, a primeira missa desta religião foi celebrada no dia 26 de abril de 1500 (6 de maio, no calendário atual), em Santa Cruz da Cabrália, na Praia da Coroa Vermelha, no Sul da Bahia, pelo Frei Franciscano e Bispo Henrique Soares (e, não, Henrique

---

121. "*Imunidades condicionadas e incondicionadas – inteligência do Art. 150, Inciso VI e § 4º e Artigo 195, § 7º, da Constituição Federal*", *in Revista Dialética de Direito Tributário* nº 28, p. 68.

Soares de Coimbra, como querem alguns), coadjuvado por vários frades e sacerdotes.

XXXVb- Em suma, não perde a imunidade tributária a instituição religiosa que, operando no País, empenha-se em expandir sua fé a outros países,[122] inclusive enviando recursos financeiros a entidades coirmãs.[123] No mais, esse é o corolário lógico da liberdade religiosa que a Constituição brasileira garante.

XXXVc- Sim embargo disso, é dado às autoridades fazendárias brasileiras averiguar, pelos meios admitidos em direito, se os valores enviados ao exterior estão sendo de fato utilizados no atendimento às finalidades essenciais do culto religioso.

Por sua vez, a Igreja que efetua tais remessas tem o dever instrumental tributário (obrigação acessória) de prestar as devidas informações à Receita Federal do Brasil, até para que se afaste qualquer suspeita de cometimento do crime de evasão de divisas, capitulado no art. 22 e seu parágrafo único da Lei nº 7.492/1986.[124]

XXXVI- Firmadas essas premissas, sentimo-nos confortáveis para proclamar que as Igrejas, contanto que preencham suas finalidades essenciais (*ex vi* do disposto no art. 150, § 4º, da *CF*), gozam de imunidade ampla, geral e irrestrita aos impostos, pelo que não precisam cumprir exigências outras, veiculadas em lei (quer complementar, quer ordinária), para continuarem sob o pálio protetor do art. 150, VI, *b*,

---

122. No caso da religião católica apostólica romana, esta prática atende à determinação do próprio Cristo, contida no versículo 15, do capítulo 16, do Evangelho de São Marcos ("*Ide por todo o mundo, pregai o evangelho a toda criatura*").

123. Consoante prefalado, a restrição do art. 14, II, do CTN, não se aplica aos templos de qualquer culto.

124. Lei nº 7.492/1986: "*Art. 22. Efetuar operação de câmbio não autorizada, com o fim de promover evasão de divisas do País: Pena - Reclusão, de 2 (dois) a 6 (seis) anos, e multa.*
"*Parágrafo único. Incorre na mesma pena quem, a qualquer título, promove, sem autorização legal, a saída de moeda ou divisa para o exterior ou nele mantiver depósitos não declarados à repartição federal competente*".

da Constituição Federal. Se preferirmos, sua imunidade aos impostos não se encontra condicionada ao cumprimento de requisitos apontados em lei. Daí estarem, por exemplo, livres do *imposto sobre a renda na fonte* (*IRF*), quando aplicam seus recursos no exterior, com o fito de, também lá, fazer valer sua caridade, seus ensinamentos e sua visão espiritual.

XXXVIa- De fato, a Constituição Federal não exige a edição de nenhuma lei (complementar ou ordinária) para que o direito à imunidade dos "*templos de qualquer culto*" venha exercido. Trata-se, pois, de uma *imunidade incondicionada*, ou seja, que independe do preenchimento de requisitos, a serem apontados em disposição legislativa infraconstitucional.

Assim, desde que persigam suas *finalidades essenciais*, as Igrejas não precisam cumprir o quanto dispõe o art. 14, do *CTN*, para continuarem sob o pálio protetivo do art. 150, VI, *b*, da Constituição da República.

XXXVIb- O que estamos procurando significar é que a Igreja, enquanto atende às suas finalidades essenciais, é imune aos impostos sobre o patrimônio, a renda e os serviços, não sendo dado, nem ao legislador, nem à autoridade administrativa, deixar de reconhecer a desoneração constitucional em tela, sob pena de violação ao *princípio da liberdade religiosa* e aos direitos fundamentais que a concretizam.

Ao Poder Público compete, apenas e tão somente, aferir se, em algum caso concreto, houve abusos, ou seja, se foram ultrapassadas as raias da religiosidade.[125] Não lhe é dado, porém, avaliar seja os ensinamentos da entidade religiosa, seja os meios – desde que, evidentemente, lícitos – que elegeu como válidos, para propagar seu corpo de doutrinas e dar continuidade aos seus projetos de catequese e auxílio ao próximo.

---

125. Tal se daria, por exemplo, se as doações dos fiéis fossem destinadas a atividades mercantis, cujos frutos revertessem em benefício exclusivo dos líderes religiosos.

XXXVIc- Portanto, nosso direito não proíbe que, para difundir sua crença, uma dada Igreja venha, com recursos próprios, a auxiliar, no exterior, outra que compartilhe das mesmas noções espirituais. Quando o faz, nem perde a desoneração constitucional, nem se sujeita à tributação por meio de *IR-fonte*.

Nada obstante, é imprescindível, para que a imunidade não alua, que a Igreja beneficiária, localizada em outro país, tenha doutrinas e objetivos consentâneos com os daquela que a favorece. A favorecida, de seu turno, não poderá efetuar qualquer tipo de distribuição de patrimônio ou de recursos, ainda que a título de gratificações, dividendos ou participações, aos seus dirigentes.

Observados esses ditames, a Igreja continuará a fruir normalmente da imunidade do art. 150, VI, *b*, da Constituição Federal, porquanto, ainda que por interposta pessoa (outra Igreja, da mesma fé), continuará a atender às suas "*finalidades essenciais*".

XXXVII- Finalizando este tópico, temos para nós que juridicamente nada impede que, para melhor difundirem seu ideário espiritual e aumentarem o número de seus fiéis, as Igrejas venham, com recursos próprios, *(i)* a adquirir bens voltados a estimular a fé das pessoas, e *(ii)* a criar ou a incentivar a criação de instituições assistenciais e educacionais, sem fins lucrativos,[126] voltadas ao ensino de pessoas carentes, à prevenção e recuperação dos males causados pelo alcoolismo, pelas drogas e pelo tabagismo, ao tratamento de doenças mentais, ao tratamento de moléstias ou de deformidades físicas etc. Quando o fazem, nem perdem a desoneração constitucional, nem se submetem ao dever jurídico de reter o imposto sobre a renda na fonte (*IRF*).

---

126. Estas instituições também serão imunes à tributação por meio de impostos, agora mercê do que estipula o art. 150, VI, c, da Constituição Federal.

Há, porém, dois limites para isso; a saber: *1)* é necessário que as instituições assistenciais ou educacionais, sem fins lucrativos, tenham objetivos consentâneos com os princípios religiosos da Igreja que as instituiu ou as mantém; e, *2)* não pode haver qualquer tipo de distribuição de patrimônio ou de recursos, ainda que a título de gratificações, dividendos ou participações, aos dirigentes da Igreja instituidora ou mantenedora.

Contudo, uma vez cumpridos esses dois requisitos, a Igreja continuará a fruir normalmente da imunidade do art. 150, VI, *b*, da Constituição Federal, porquanto, ainda que por interposta pessoa (a instituição educacional ou assistencial sem fins lucrativos, por ela patrocinada), continuará a atender às suas "*finalidades essenciais*".

De seu turno, as instituições de educação e de assistência social, sem fins lucrativos, mesmo quando afetadas a uma Igreja, terão direito à imunidade tributária prevista no art.150, VI, *c*, da Constituição Federal, desde que cumpram os requisitos apontados em lei complementar, assunto do qual mais adiante nos ocuparemos.[127]

Vejamos, agora, qual é a noção jurídica de "*culto*".

2.1 A noção jurídica de "culto"

I- De uns tempos a esta parte, mais e mais se tem difundido a ideia de que, como a Constituição Federal não define *culto*, o assunto ficaria a depender exclusivamente da discricionariedade do legislador ou, pior, do administrador fazendário.

Dessa linha de pensamento ousamos divergir.

Sabemos que inexiste, em nosso Diploma Magno, um conjunto racional e articulado de normas, que discipline, em todas as suas manifestações – ou, mesmo, nas mais importantes –, o fenômeno dos cultos religiosos.

127. *Infra, Capítulo 3.*

Por outro lado, também não se contesta que a palavra "*culto*" é equívoca (polissêmica), servindo para designar (i) **seja** o conjunto de atitudes, ritos ou cerimônias desenvolvidos por uma *Igreja*, com o escopo de melhor pregar a mensagem divina, (ii) **seja** a própria "*confissão religiosa*".

II- Assim, para bem desenvolvermos o assunto, é preciso, antes de tudo, cuidar da questão terminológica. De fato, as palavras e expressões equívocas, para serem corretamente compreendidas, devem passar por aquilo que os linguistas chamam de "*processo de elucidação*".[128] É o que recomenda, entre outros, Rudolf Carnap; *verbis*: "[D]*evemos compreender uma sentença, isto é, devemos conhecer seu significado, antes que possamos tentar verificar se ela é verdadeira ou não*".[129]

Além disso, as palavras são meros rótulos que utilizamos para designar as coisas que nos cercam. Absolutamente não lhes alteram a essência, como, diga-se de passo, já sabiam os antigos jurisconsultos romanos, que nos legaram o milenar brocardo *verba non mutant substantia rei*.

Ainda a respeito, Henry Bérgson compara as palavras a prisões, dentro das quais se comprimem ideias em constante mutação.[130] Bem por isso, cabe ao intérprete invadir essas prisões, quebrar-lhes a estrutura gráfica e desvendar-lhes o sentido em que são utilizadas.

Afinal, como preleciona John Hospers,[131] qualquer palavra é conveniente, na medida em que nos colocamos de acordo sobre seu significado e a empregamos de maneira adequada.

---

128. A univocidade das palavras e expressões é um imperativo metodológico inafastável, motivo pelo qual, na linguagem científica, é imprescindível indicar o sentido em que estão sendo empregadas.

129. "*Testabilidade e Significado*", trad. de Pablo Rubén Mariconda, *in Os Pensadores*, Abril Cultural, São Paulo, 1980, p. 171.

130. "*A consciência e a vida*", *in Os Pensadores – Bérgson*, trad. de Franklin Leopoldo e Silva, Abril Cultural, São Paulo, 2ª ed., 1979, p. 70.

131. *Introducción al Análisis Filosófico*, Tomo I, Abeledo Perrot, Buenos Aires, 1966, p. 35. Para Hospers, as palavras manifestam, tão somente, o convencionado pela

III- Muito bem, em seu sentido laico, *culto* não passa de uma reverência a Deus ou a entes sobrenaturais, desde que, é claro, não venham infringidos valores ou princípios encampados pela Constituição.

Nosso ordenamento jurídico prestigia essa acepção de culto, inadmitindo que as cerimônias religiosas sejam perturbadas, quer quando ocorrem no interior dos templos, quer quando são realizadas em público, vale dizer, em procissões, romarias e festividades. Também não tolera que as pessoas sejam escarnecidas em razão da religião que professam ou impedidas de participar dos seus ritos, bem como que os objetos consagrados ao culto sejam profanados ou dolosamente destruídos. Tanto é assim, que o Código Penal, em seu art. 208, sanciona quem, de qualquer modo, atenta contra o sentimento religioso.[132]

IV- Todavia, a análise da Carta Constitucional como um todo, facilmente revela que *culto*, no contexto da alínea *b*, do inciso VI, do art. 150, deste Diploma Magno, tem o segundo sentido, qual seja, o de *confissão religiosa*, motivo pelo qual é dela que passamos a nos ocupar.

V- *Confissão religiosa* nada mais é do que uma entidade dotada de estrutura orgânica hierarquizada, instituída com o objetivo fundamental de agrupar, de modo permanente, pessoas que partilham das mesmas crenças transcendentais, vale dizer, que nutrem a mesma fé numa dada divindade. Nesse sentido, são confissões religiosas não só a Igreja Católica e as nascidas da Reforma Protestante, como as que adotam fórmulas mais elementares e variadas de organização (sinodal, congregacionista etc.). Também merecem esta qualificação as comunidades judaicas e muçulmanas, que, embora se caracterizem pela

---

linguagem comum ou científica, não estando ligadas, pois, a exclusivas essências conceituais, determinadas como verdadeiras e únicas.

132. Código Penal: "*Art. 208. Escarnecer de alguém publicamente, por motivo de crença ou função religiosa; impedir ou perturbar cerimônia ou prática de culto religioso; vilipendiar publicamente ato ou objeto de culto religioso: Pena – detenção, de 1 (um) mês a 1 (um) ano, ou multa*".

dispersão e multiplicidade e se relacionem mais por vínculos religiosos do que jurídicos, possuem uma fé comum.

Tal a lição de Motilla de la Calle; *verbis*:

> [Confissão religiosa é a] comunidade permanente de pessoas ligadas pelo vínculo da fé comum, caracterizada pela existência de uma organização própria e normas escritas, para a consecução dos fins religiosos, que se apresenta como unitária, frente ao ordenamento do Estado e é dotada dos elementos próprios dos ordenamentos jurídicos.[133]

Va- Segue-se do exposto, que, para que se reconheça a existência de uma confissão religiosa, é preciso sejam identificáveis, pelo menos, quatro requisitos; a saber: *a)* uma crença comum em um Ser Supremo e Transcendente;[134] *b)* alguns atos de culto, disciplinando a relação dos fiéis, que devem ser em número significativo, com o Ser Supremo e Transcendente, em que creem;[135] *c)* uma organização jurídica, por mínima que seja, indicando a designação da entidade, seu regime de funcionamento e seus órgãos representativos (ministério sacerdotal, pastoral ou hierárquico); e, *d)* certa estabilidade, isto é, vontade de perdurar no tempo.[136]

Vb- A esses requisitos essenciais, costumam ser agregados outros, que, embora não obrigatórios, ajudam a reconhecer, quando presentes, a existência jurídica da confissão religiosa. Dentre eles, podemos mencionar, exemplificativamente: *a)* um governo eclesiástico definido e distinto dos demais; *b)* um

---

133. *Los acuerdos entre el Estado y las confesiones religiosas en el derecho español*, Bosh, Barcelona, 1985, pp. 305/306 (traduzimos e esclarecemos nos colchetes).

134. Isso já aparta da confissão religiosa, as entidades relacionadas com o estudo e a experimentação dos fenômenos psíquicos ou parapsicológicos ou da difusão de valores humanísticos ou espirituais e outros fins análogos, alheios aos religiosos.

135. Em qualquer religião há de existir um culto, entendido como forma de comunicação entre a pessoa e a divindade, por meio de práticas que tendam a uma finalidade de religação salvadora.

136. Para melhor aprofundamento do assunto, veja-se, de Isidoro Martín Dégano, *El regime tributário...*, pp. 5 a 12.

código formal de doutrina e disciplina; *c)* ministros selecionados, após haverem concluído estudos específicos; *d)* uma literatura própria; *e)* celebração de Assembleias regulares; *f)* prestação de serviços religiosos com caráter regular; e, *g)* escolas para o ensino religioso aos jovens.

A par disso, a diversidade de confissões existentes – consequência da aplicação do pluralismo ao âmbito religioso – impõe que cada uma delas tenha umas tantas características peculiares, que a diferenciem, por pouco que seja, das demais.[137]

VI- Remarque-se que todas as confissões religiosas regularmente constituídas têm jus à imunidade de que trata o art. 150, VI, *b*, da Constituição Federal, circunstância que, de resto, rima com a característica do Estado brasileiro de proteger os direitos e as liberdades fundamentais da pessoa humana e sua dignidade.

Isso reforça nossa convicção, já manifestada, de que as regras imunizantes devem receber, no concernente aos "*templos de qualquer culto*", uma interpretação ampliativa, até porque existem muitos outros direitos, menos antigos ou nobres, do que o de estar *ligado a Deus*,[138] que desfrutam, no Brasil, de especial proteção tributária.

De fato, a Constituição Federal reconhece e protege grande cópia de direitos, sem os quais hoje seria inconcebível uma vida razoável e civilizada. Alguns são recentíssimos, como o direito à proteção do meio ambiente ou o direito à proteção

---

137. Esta diferenciação, no entanto, não precisa ser tão acentuada, a ponto de cada confissão religiosa dever apresentar características completamente distintas das demais. Isso, inclusive, é, em alguns casos, de todo em todo impossível, como nas denominadas *Igrejas Cristãs*, que, dada sua origem comum, possuem, com pequenas variações, fins coincidentes.

138. Estamos convencidos, com base no já mencionado *preâmbulo* da Constituição Federal, de que o *culto* há de ser *religioso*, isto é, relacionado a Deus. De fato, ao invocar a "*proteção de Deus*", sinalizou, de modo inequívoco, que somente as Igrejas que lhe prestem reverência, são imunes aos impostos. Excluímos, destarte, da desoneração tributária em tela, os cultos satânicos ou assemelhados.

da intimidade, em face das agressões informáticas. Ora, não se discute que o Estado, para protegê-los, venha a se utilizar, dentre outros, dos instrumentos tributários.

VII- Pois bem. Desde tempos imemoriais, o sentimento religioso é uma das marcas mais expressivas do gênero humano. Em que pese aos esforços do racionalismo para erradicar o elemento sobrenatural que toda religião encerra, é evidente que ele continua a integrar a natureza humana.

Magnífico, a respeito, o seguinte trecho do testamento espiritual do Papa Bento XVI; *verbis*:

> Com frequência, parece que a ciência – as ciências naturais de um lado e a pesquisa histórica (em particular a exegese da Sagrada Escritura) de outro – seja capaz de oferecer resultados irrefutáveis em contraste com a fé católica. Vi as transformações das ciências naturais desde tempos remotos e pude constatar como, ao contrário, tenham desaparecido aparentes certezas contra a fé, demonstrando-se ser não ciência, mas interpretações filosóficas somente aparentemente incumbentes à ciência; assim como, por outro lado, é no diálogo com as ciências naturais que também a fé aprendeu a compreender melhor o limite do alcance de suas afirmações e, portanto, a sua especificidade. São pelo menos 60 anos que acompanho o caminho da Teologia, em especial das Ciências Bíblicas, e com o subseguir-se das várias gerações, vi ruir teses que pareciam inabaláveis, demonstrando-se serem simples hipóteses: a geração liberal (Harnack, Jülicher etc.), a geração existencialista (Bultmann etc.), a geração marxista. Vi e vejo como do emaranhado das hipóteses tenha emergido e emerja novamente a razoabilidade da fé.[139]

Mutantis mudandis, essas palavras, escritas a propósito do catolicismo, se aplicam a todas as religiões.

VIII- Por outro lado, tem-se entendido que, com a realização das suas atividades específicas, as confissões religiosas também beneficiam ao Estado, pois, com a divulgação de suas doutrinas, formam e educam seus fiéis, que, afinal, integram

139. Documento datado de 29.8.2006 e reproduzido no "*O SÃO PAULO*", jornal da Arquidiocese de São Paulo, na edição de 31.12.2022.

a sociedade e, assim, vão ajudar a transformá-la para melhor. Logo, os efeitos positivos da pregação não se esgotam em quem a recebe, mas se transferem, em maior ou menor medida, a outras pessoas, repercutindo no bem-estar geral.

Para não ficarmos na aridez da teoria, basta pensar no que representam para a comunidade as atividades das Igrejas que se traduzem em ensino, cultura, saúde, benemerência, moralidade pública e privada, educação dos cidadãos na prática de virtudes eminentemente sociais (justiça, caridade, abnegação no serviço ao próximo etc.), inclusão social, tratamento de drogados, reabilitação de detentos, evangelização em hospitais, distribuição de alimentos, cobertores e agasalhos e assim avante.[140] A eficácia dessas condutas não se esgota nos fiéis, mas, pelo contrário, afeta, de forma positiva, a toda a sociedade.

É quanto basta para justificar a imunidade tributária das Igrejas, que são, como quer Albiñana García-Quintana, "*defensoras de valores humanos e de contribuírem, de um ou outro modo, para o bem temporal do homem*".[141] Ademais, garante, às pessoas, o direito fundamental à liberdade de consciência e de ampla manifestação de suas crenças espirituais.

IX- Mas, afinal, a quem cabe declarar que uma pessoa reveste a condição de sacerdote, pastor, rabino, presbítero, ministro de confissão religiosa etc.?

140. Na Constituição brasileira, muitos desses objetivos, que a doutrina italiana significativamente chama de *scopi* ou *interessi meritevoli* (Franco Gallo, "*Il soggetti del libro primo del codice civile e l'Irpeg: problematiche e possibili evoluzioni*", Rivista di Diritto Tributario nº4, 1993, p. 354), são da alçada do Poder Público, isto é, devem ser perseguidos e alcançados pelo Estado. Entretanto, na medida em que as Igrejas os perseguem e alcançam, não devem ser objeto de gravames tributários.

141. "*La financiación de las Iglesias*", REDF nº 14, 1977, pp. 331 e 332.

Damo-nos pressa em responder: à própria Igreja (aí compreendida a Convenção à qual está vinculada), de acordo com seus critérios, doutrinas e ideários.

IXa- Aliás, esta resposta se impõe até por uma questão de bom-senso, que está longe de ser incompatível com o Direito. Pelo contrário, é um valor que deve ser considerado na solução de impasses, antinomias e litígios, ainda mais quando se está em face de dispositivos infralegais, quase sempre vazados em termos mais políticos do que jurídicos.

De fato, não faria sentido que um Estado como o nosso, cuja Constituição declara laico, se imiscuísse nesse assunto, para declarar quem é e quem não é ministro de uma dada confissão religiosa.

IXb- Evidentemente, se o Fisco discordar do entendimento da Igreja, tem o dever de provar os fatos que deram origem à sua insurgência. Se não o fizer, suas suspeitas aluirão.

De resto, seria rematado absurdo impedir que uma Igreja indicasse, ela própria, quem nela exerce as funções de sacerdote, pastor, presbítero, evangelista, obreiro etc.

Tratemos, agora, dos ganhos dos religiosos e do seu tratamento jurídico-tributário.

2.2 Dos ganhos dos religiosos e do seu tratamento jurídico-tributário

I- Como vimos, as Igrejas, enquanto atendem às suas finalidades essenciais, são imunes aos impostos, não sendo dado nem ao legislador, nem à autoridade administrativa, deixar de reconhecer a desoneração constitucional em tela, sob pena de violação ao princípio da liberdade religiosa e aos direitos fundamentais que a concretizam.

Ao Poder Público compete, apenas e tão somente, aferir se em algum caso concreto houve abusos, ou seja, se foram ultrapassadas as raias da religiosidade.[142] Não lhe é dado, porém, avaliar seja os ensinamentos da entidade religiosa, seja os meios – desde que, evidentemente, lícitos – que elegeu como válidos, para propagar seu corpo de doutrinas e dar continuidade aos seus projetos de catequese e auxílio ao próximo, seja, ainda, quem é sacerdote, pastor, ministro de confissão religiosa, rabino etc.

II- Evidentemente, os rendimentos dos ministros de confissão religiosa[143] e membros de institutos de vida consagrada, de congregações ou de ordens religiosas, ainda que proporcionados pela própria entidade, se sujeitam à tributação por meio de *imposto sobre a renda da pessoa física/IRPF*.

Assim é, porquanto este tributo, conforme prescreve o art. 153, § 2º, I, da Constituição Federal, é informado, entre outros, pelo critério da *generalidade*.

IIa- Entende-se por *generalidade*, que ele deve alcançar todas as pessoas que realizam seu *fato imponível* (fato gerador *in concreto*). E isso independentemente de raça, sexo, convicções políticas, credo religioso, cargos ocupados etc. Noutros

142. Tal se daria, por exemplo, se as doações dos fiéis fossem destinadas a atividades mercantis, cujos frutos revertessem em benefício exclusivo dos líderes religiosos.

143. *Ministros de confissão religiosa* são pessoas que desempenham funções e divulgam práticas associadas a crenças sagradas, além de darem orientação espiritual e moral aos fiéis. Na lição abalizada de Miguel Horvath Jr.: "*(...) são aqueles que consagram sua vida ao serviço de Deus e do próximo, com ou sem ordenação, dedicando-se ao anúncio de suas respectivas doutrinas e crenças, à celebração dos cultos próprios, à organização das comunidades e à promoção de observância das normas estabelecidas, desde que devidamente aprovados para o exercício de suas funções pela autoridade religiosa competente*" (*A Legislação Previdenciária e os Ministros Religiosos*, disponível em http://www.professoramorim.com.br/amorim/dados/anexos/379.doc). Portanto, são igualmente consideradas *ministros de confissão religiosa* as pessoas que, mesmo não tendo sido ordenadas, os *coadjuvam* na pregação e propagação das doutrinas da Igreja. É o caso dos ministros da eucaristia, dos irmãos leigos e dos obreiros, entre outros.

falares, este critério veda discriminações e privilégios entre os contribuintes.

Ademais, seria anti-isonômico que alguns contribuintes fossem dispensados de suportar a carga financeira do imposto sobre a renda, enquanto outros, na mesma situação econômica, viessem a arcá-la em sua totalidade.

Tal entendimento encontra supedâneo no art. 150, II, da Constituição Federal, que proclama ser vedado às pessoas políticas "*dispensar tratamento desigual entre contribuintes que se encontrem em situação equivalente, proibida qualquer distinção em razão de ocupação profissional ou função por eles exercida, independentemente da denominação jurídica dos rendimentos, títulos ou direitos*".

IIb- Este dispositivo reforça o princípio republicano – uma das vigas-mestras de nosso ordenamento constitucional[144] –, porquanto proíbe a concessão de vantagens tributárias fundadas em privilégios ou categorias de pessoas. A vedação alcança também o imposto sobre a renda, como facilmente ressai do precitado tópico "*independentemente da denominação jurídica dos rendimentos*".[145]

De fato, o princípio republicano exige, pelo menos em tese, que **todos** – pouco importando a ocupação profissional ou função exercida – se sujeitem à tributação por meio de imposto sobre a renda. Tanto isto é certo que até os Magistrados e membros do Ministério Público, inobstante desfrutem

144. A respeito do *princípio republicano*, v., de Geraldo Ataliba, *República e Constituição* (3ª ed., atualizada por Rosolea Miranda Folgosi, São Paulo, Malheiros Editores, 2011).

145. Eventuais isenções de imposto sobre a renda somente são admitidas quando rendem homenagens ao *princípio da igualdade* e, por extensão, ao da *capacidade contributiva*. Melhor explicando, somente podem ser concedidas quando levam em conta objetivos constitucionalmente consagrados (proteção à velhice, à família, à cultura, aos deficientes mentais, aos doentes incuráveis, aos economicamente mais fracos, isto é, que revelam incapacidade econômica para suportar o encargo fiscal sem se privarem do *mínimo vital*, e assim por diante).

da *garantia da irredutibilidade do subsídio*, dela não escapam, conforme, prescrevem, respectivamente, os arts. 95, III[146], e 128, § 5º, I,[147] da Constituição Federal.[148]

Logo, por expressa determinação constitucional, os rendimentos obtidos, seja a que título for – inclusive mediante o desempenho de funções religiosas –, sujeitam-se à tributação por meio de imposto sobre a renda.[149]

IIc- Aliomar Baleeiro pensa de igual modo e ainda faz oportuna consideração; *verbis*:

> E a espórtula do sacerdote, padre, pastor, pelos atos remunerados do culto? Nenhuma regra se encontra na Constituição, de sorte que deve prevalecer o princípio geral da tributação, se não houver isenção por lei especial. Prevalece o imposto de renda, que, entretanto, não poderá ser discriminado quer para tratamento diferencial entre sacerdotes de cultos diversos, quer entre sacerdócio e trabalho da mesma categoria intelectual.[150]

IId- Permitimo-nos acrescentar às palavras do Mestre que, embora não cheguemos ao ponto de considerar imunes os ganhos dos ministros de confissões religiosas, entendemos que não devem se sujeitar à tributação os que se dedicam

---

146. Constituição Federal – "*Art. 95. Os juízes gozam das seguintes garantias: (...) III- irredutibilidade de subsídio, ressalvado o disposto no art. 37, X e XI, 39, § 4º, 150, II, 153, III, e 153, § 2º, I*".

147. Constituição Federal – "*Art. 128 ("omissis") § 5º. Leis complementares da União e dos Estados, cuja iniciativa é facultada aos respectivos Procuradores-Gerais, estabelecerão a organização, as atribuições e o estatuto de cada Ministério Público, observadas, relativamente a seus membros: I – as seguintes garantias: (...) c) irredutibilidade de subsídio, fixado na forma do art. 39, § 4º, e ressalvado o disposto nos arts. 37, X e XI, 150, II, 153, III, 153, § 2º, I*".

148. Atualmente, ao contrário do que se passava sob a égide da Carta anterior (de 1967/1969), os juízes e membros do Ministério Público têm que pagar imposto sobre a *totalidade* de seus rendimentos, pouco importando a denominação que tiverem. É que a atual Constituição aboliu por completo as chamadas "*imunidades mordômicas*".

149. Para aprofundamento do assunto, v. nosso *Imposto sobre a Renda (perfil constitucional e temas específicos)*, Malheiros Editores, São Paulo, 3ª ed., 2009.

150. Aliomar Baleeiro, *Limitações Constitucionais ao Poder de Tributar*, 11ª ed., atualização de Misabel Derzi, Rio de Janeiro, Forense, 1999, p. 503.

integralmente aos assuntos da respectiva Igreja e recebem, para terem uma existência digna, apenas o suficiente para prover alimentação, vestuário, hospedagem, tratamento médico-hospitalar etc. adequados. O mesmo vale para os membros de Instituto de Vida Consagrada, de Congregação ou de Ordem Religiosa, mantidos pela entidade a que pertencem, nela atuando com exclusividade.

III- Observe-se, sempre a propósito, que a imunidade das Igrejas, dos Institutos de Vida Consagrada, das Congregações e das Ordens Religiosas não as libera do encargo de descontar o imposto de renda na fonte/IRRF sobre os rendimentos pagos ou creditados aos seus ministros, sacerdotes e membros.

É o que, de resto, estatui o art. 178, do Regulamento do Imposto de Renda (Decreto nº 9.580/2018) ; *verbis*:

> **Art. 178.** As imunidades, as isenções e as não incidências de que trata este Capítulo não eximem as pessoas jurídicas das demais obrigações previstas neste Regulamento, especialmente aquelas relativas à retenção e ao recolhimento de impostos sobre rendimentos pagos ou creditados e à prestação de informações (Lei nº 4.506, de 1964, art. 33).
>
> Parágrafo único. A imunidade, a isenção ou a não incidência que beneficia a pessoa jurídica não aproveita aos que delas percebam rendimentos sob qualquer título e forma (Decreto-Lei nº 5.844, de 1943, art. 31 e Lei nº 5.172/1966, art. 9º, § 1º).

Do mesmo modo, as Igrejas e demais entidades a elas de algum modo relacionadas, conquanto imunes ao imposto sobre a renda, devem entregar, à Receita Federal do Brasil, suas declarações anuais de rendimentos, e emitir informes de rendimentos pagos, ainda que sob a forma de estipêndios, côngruas, aos seus sacerdotes, ministros, rabinos, mulás, pastores, presbíteros, diáconos etc., se por mais não fosse, por força do que preceitua o art. 9º, § 1º, do *CTN*.[151]

---

151. Código Tributário Nacional – "*Art. 9º (omissis) - § 1º. O disposto no inciso IV não exclui a atribuição, por lei, às entidades nele referidas, da condição de responsáveis*

IIIa- Este, de resto, o entendimento da Receita Federal do Brasil, contido na Solução de Consulta COSIT-254, de 26.5.2017, cuja ementa dispõe:

> Assunto: Obrigações Acessórias
>
> Retenção na fonte – Ministros de Confissão Religiosa. Estão sujeitos à incidência do imposto sobre a renda na fonte os valores despendidos pelas entidades religiosas com ministros de confissão religiosa, conforme a Tabela Progressiva do IRRF.

IIIb- Tais entidades, no entanto, são isentas do pagamento de contribuições previdenciárias patronais sobre a remuneração (prebendas) que propiciam aos seus sacerdotes, pastores, presbíteros, rabinos etc. em razão de seus misteres espirituais ou para garantir-lhes a subsistência. É o que prescreve o art. 22, § 13, da Lei 8.212/1991:

> Art. 22. A contribuição a cargo da empresa, destinada à Seguridade Social, além do disposto no art. 23, é de:
>
> (...).
>
> § 13. Não se considera como remuneração direta ou indireta, para os efeitos desta Lei, os valores despendidos pelas entidades religiosas e instituições de ensino vocacional, com ministro de Confissão Religiosa, membros de Instituto de Vida Consagrada, de Congregação ou de Ordem Religiosa, em face do seu mister religioso ou para sua subsistência, desde que fornecidos em condições que independam da natureza e da quantidade do trabalho executado.[152]

Este dispositivo deve ser interpretado ao lume do § 14 (incluído pela Lei 13.137/2015) do mesmo art. 22; *verbis*:

---

pelos tributos que lhes caiba reter na fonte, e não as dispensa da prática de atos, previstos em lei, assecuratórios do cumprimento de obrigações tributárias por terceiros".

152. Deflui, todavia, deste parágrafo serem juridicamente havidas como remuneração, direta ou indireta, para fins de salário-de-contribuição, as quantias que superam o necessário para o adequado sustento dos ministros de confissão religiosa (aí compreendidos seus dependentes econômicos) e membros de Institutos de Vida Consagrada, de Congregação ou de Ordem Religiosa.

> § 14. Para efeito de interpretação do § 13 deste artigo:
>
> I – os critérios informadores dos valores despendidos pelas entidades religiosas e instituições de ensino vocacional aos ministros de Confissão Religiosa, membros de instituto de Vida Consagrada, de Congregação ou de Ordem religiosa não são taxativos e sim exemplificativos;
>
> II – os valores despendidos, ainda que pagos de forma e montante diferenciados, em pecúnia ou a título de ajuda de custo de moradia, transporte, formação educacional, vinculados exclusivamente à atividade religiosa não configuram remuneração direta ou indireta.

Portanto, a legislação de regência não especifica a natureza jurídica das importâncias pagas aos ministros de Confissão Religiosa e aos membros de Instituto de Vida Consagrada, de Congregação ou de Ordem Religiosa; apenas vincula a isenção (i) à atividade religiosa ou à subsistência dos que a ela se dedicam e (ii) a que os valores pagos independam da natureza e da quantidade do trabalho executado.

Noutros termos, a contribuição previdenciária patronal não incide quando os valores pagos têm em vista apenas a atividade religiosa ou a subsistência daqueles que a ela se dedicam.

IIIc- Neste particular há que ser levada em conta a *razoabilidade*,[153] que impõe a utilização do senso comum para que se afira se os estipêndios do profissional religioso são suficientes para suprir suas necessidades naturais e as de seus dependentes econômicos (com alimentação, higiene, transporte, saúde, vestuário, habitação, educação, lazer etc.) ou, de revés, levam ao seu enriquecimento pessoal.

---

153. Humberto Ávila foi sobremodo feliz ao observar: "*(...) a razoabilidade atua como instrumento para determinar que as circunstâncias de fato devem ser consideradas com a presunção de estarem dentro da normalidade. A razoabilidade atua na interpretação dos fatos descritos em regras jurídicas. A razoabilidade exige determinada interpretação como meio de preservar a eficácia de princípios axiologicamente sobrejacentes*" (*Teoria dos Princípios – Da Definição à Aplicação dos Princípios Jurídicos*, 18ª ed., São Paulo, Malheiros Editores, 2018, pp. 196-197).

Salientamos, porém, que o que acabamos de escrever está longe de significar que "*garantir a subsistência*" é simplesmente proporcionar ao religioso e seus dependentes econômicos o *mínimo vital*, vale dizer, o indispensável para que sobrevivam. Pelo contrário, é dar-lhes uma vida digna e confortável, embora não luxuosa, o que pressupõe alimentação e vestuário adequados, tratamentos médico-hospitalares decentes, educação de qualidade, para ele e seus dependentes econômicos etc.

IIId- Um ponto, porém, é incontroverso: somente integram a base de cálculo das contribuições previdenciárias patronais os valores despendidos pela Confissão Religiosa, pelo Instituto de Vida Consagrada, pela Congregação ou pela Ordem Religiosa para o custeio de seus ministros ou assemelhados, quando comprovadamente forem excessivos, o que só a análise de cada caso concreto poderá revelar.

Eventuais controvérsias a respeito poderão ser dirimidas pelo Poder Judiciário – sempre observado, é claro, o *devido processo legal*.

Avancemos em nosso raciocínio.

IV- A Constituição Federal, em seu art. 195, estabelece que o custeio do Sistema de Seguridade Social será suportado por toda a sociedade, mediante as seguintes contribuições, entre outras: "*I – do empregador, da empresa e da entidade a ela equiparada na forma da lei, incidentes sobre: a) a folha de salários e* ***demais rendimentos do trabalho*** *pagos ou creditados, a qualquer título, à pessoa física que lhe preste serviço, mesmo sem vínculo empregatício; (...)*".[154]

Exercitando essa competência, a União criou a contribuição previdenciária patronal, por meio da Lei 8.212/1991, cujo art. 22, III, estabelece; *verbis*:

154. Grifamos.

> Art. 22. A contribuição a cargo da empresa, destinada à Seguridade Social, além do disposto no art. 23, é de: (...); III – vinte por cento sobre o total das remunerações pagas ou creditadas a qualquer título, no decorrer do mês, aos segurados contribuintes individuais que lhe prestem serviços.

Tal contribuição, como é fácil notar, tem por gênese o trabalho realizado pelo empregado ou pela pessoa física que presta serviço à empresa, mesmo sem vínculo empregatício. Noutro falar, ela incide quando tal remuneração se dá *pelo trabalho.*

IVa- Nada obstante, o § 13, do art. 22, da Lei nº 8.212/1991, isentou as Igrejas – aí compreendidas as Convenções de Igrejas – da contribuição previdenciária patronal sobre os valores que forem pagos aos seus ministros em função da atividade que exercem ou para garantir-lhes a subsistência, "*desde que fornecidos em condições que independam da natureza e da quantidade do trabalho executado*". Concedeu-lhes, portanto, uma isenção condicionada.[155]

Deveras, este dispositivo condicionou o desfrute da isenção em tela, aos valores despendidos pelas entidades religiosas para remunerar seus ministros (*v.g.*, os sacerdotes, os rabinos, os pastores etc.), garantindo-lhes, e a seus dependentes econômicos, a subsistência digna, desde que fornecidos independentemente (i) da natureza e (ii) da quantidade do trabalho executado.

Estas são as duas únicas condições a serem implementadas para o gozo da isenção em tela. Inexiste uma terceira condição, qual seja, que a remuneração não possa se dar pelo trabalho religioso realizado.

Então, vejamos.

---

155. A *isenção condicionada*, também chamada *bilateral* ou *onerosa* é aquela que, para ser fruída, depende do cumprimento de requisitos particularizantes. Para aprofundamento do assunto, *v.* nosso *Curso*, pp. 825 a 828.

IV- De regra, os ministros das Igrejas, embora não sejam seus empregados, na acepção do art. 3º da Consolidação das Leis do Trabalho,[156] são por elas remunerados.[157]

Não se questiona, portanto, que os valores que recebem (côngruas) exsurgem do trabalho religioso que prestam. Todavia, desde que não levem em consideração, nem a natureza, nem a quantidade dos trabalhos realizados, eles podem variar de religioso para religioso, sem que essa circunstância afaste a isenção tributária em tela.

Com efeito, o benefício legal se mantém se as variações remuneratórias decorrerem das possibilidades financeiras das Igrejas a que os religiosos estão vinculados, bem como das qualificações destes (*v.g.*, do grau de importância na hierarquia eclesiástica), de suas necessidades pessoais (decorrentes da idade, da saúde, do estado civil, do número e idade de dependentes econômicos), do local onde exercem seus ministérios etc. Foi o que, de resto, já decidiu a Receita Federal do Brasil na Solução de Consulta COSIT-6, de 17.1.2018, cuja ementa dispõe:

> Assunto: **Contribuições Sociais Previdenciárias**
>
> Entidades religiosas – Instituições de ensino vocacional – Ministros e membros – Remuneração. Para os efeitos da Lei n. 8.212, de 1991, e desde que fornecidos em condições que independam da natureza e da quantidade do trabalho executado, não é considerado como remuneração direta ou indireta os valores despendidos pelas entidades religiosas e instituições de ensino vocacional com ministros de Confissão Religiosa, membros de Instituto de Vida Consagrada, de Congregação ou de Ordem Religiosa em face do seu mister religioso ou para sua subsistência, *ainda que no cálculo do "quantum" a ser pago sejam utilizados parâmetros*

156. Consolidação das Leis do Trabalho: "*Art. 3º. Considera-se empregado toda pessoa física que prestar serviços de natureza não eventual a empregador, sob a dependência deste e mediante salário*".

157. As relações jurídicas entre as Igrejas e seus ministros são marcadas por uma série de peculiaridades, entre as quais avulta o caráter espiritual, advindo dos votos que o religioso faz. Assim, mesmo quando este desempenha atividades econômicas em favor da Igreja, não reveste a condição de empregado comum, mas, apenas, de servidor consagrado a uma causa transcendental.

relacionados às particularidades, características ou atributos do religioso, tais como estado civil, antiguidade, grau de escolaridade ou número e idade de filhos.[158]

V- Cabe ao Fisco, caso discorde dos critérios utilizados pelas Igrejas na fixação das remunerações dos seus ministros, demonstrar, ponto por ponto, que elas não abrem espaço à isenção tributária de que aqui se cogita. Mas tudo, evidentemente, deve passar pelo crivo do contraditório e da ampla defesa.

Posto isso, podemos cuidar das imunidades tributárias das instituições de educação e de assistência social, sem fins lucrativos (arts. 150, VI, *c*, e 195, § 7°, da *CF*), bem como, dos requisitos a serem cumpridos para o desfrute destas desonerações.

ESQUEMAS-RESUMO – CAPÍTULO 2

I. Laicidade x Laicismo

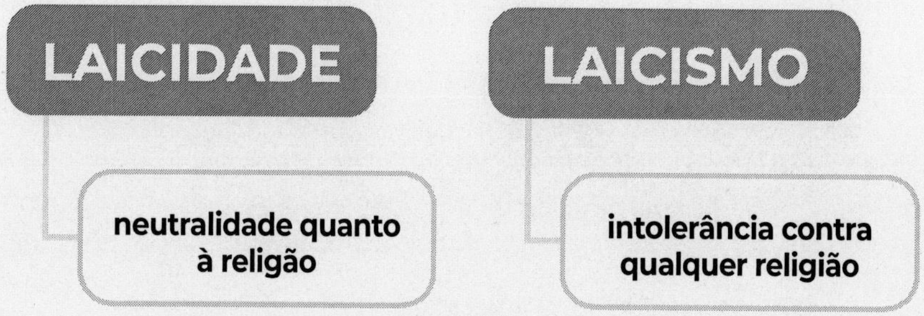

158. Grifamos.

II. O entendimento do STF acerca da extensão do termo “templo”

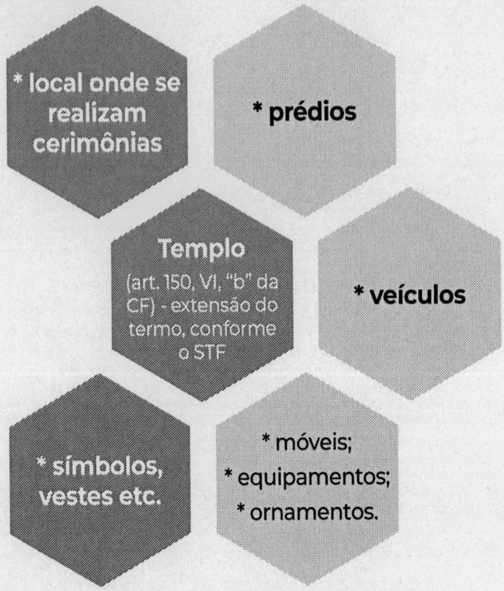

III. Imunidade do ITR de imóvel rural em favor das Igrejas

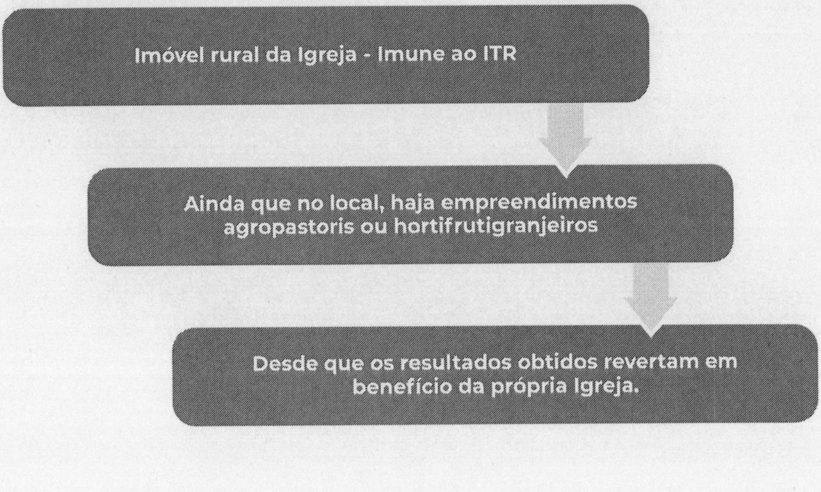

IV. Exploração de serviços por parte da Igreja também são imunes

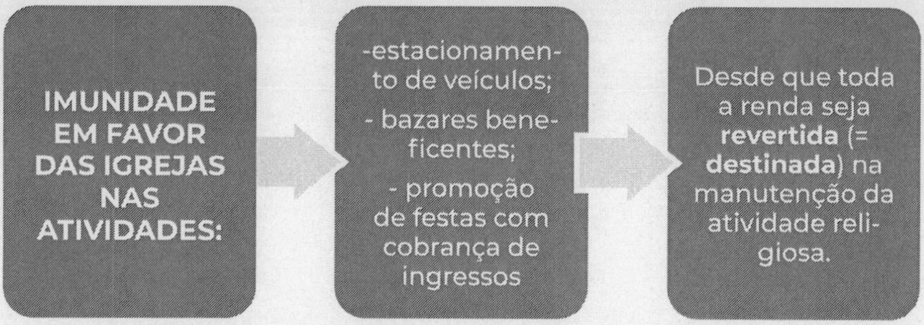

V. Aplicações das Igrejas no exterior

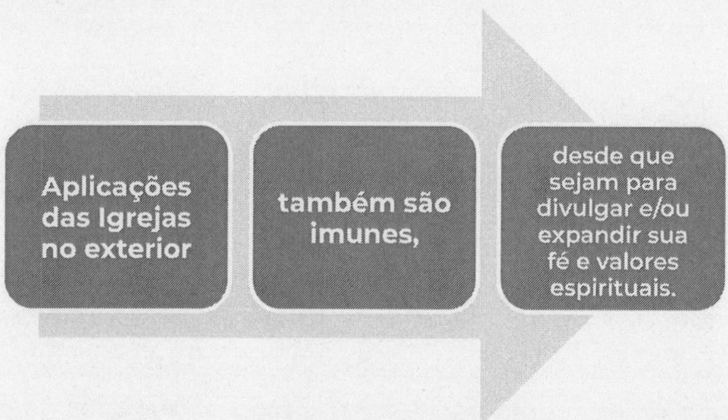

VI. Finalidades essenciais das Igrejas – Imunidade

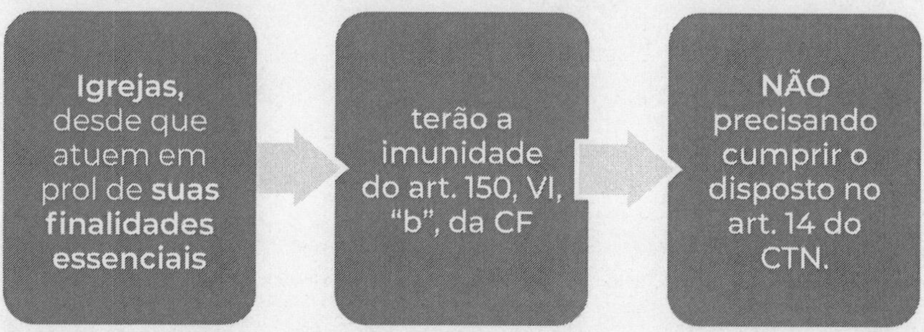

3

A IMUNIDADE TRIBUTÁRIA DAS INSTITUIÇÕES DE EDUCAÇÃO E DE ASSISTÊNCIA SOCIAL, SEM FINS LUCRATIVOS (ART. 150, VI, c, DA CF)

3.1 Prolegômenos

I- É muito comum as Igrejas manterem instituições de educação e de assistência social, sem fins lucrativos, exatamente para melhor levarem adiante seus elevados objetivos. Andam bem em fazê-lo, pois, ao lado do aspecto espiritual, as pessoas não podem prescindir de amparo material e intelectual. Afinal, urge diminuir a diferença demasiado gritante das oportunidades de estudo e das riquezas, de modo a dar efetividade à justiça social.[159]

Causa revolta aos homens de boa vontade, que alguns se refestelem no supérfluo e tenham pleno acesso à saúde, à

159. Aristóteles, com muita propriedade, chamava a justiça social, de estrela cintilante e guiadora do gênero humano.

educação e à cultura, enquanto outros (infelizmente, a maioria) convivam com a ignorância e a miséria, por não terem os meios econômicos necessários a uma vida digna.[160]

É exatamente por isso que merecem louvores – além, é claro, de apoio, inclusive estatal – as Igrejas que, em vez de se limitarem a lamentar a má sorte dos pobres e excluídos, socorrem-nos, inclusive mantendo, com seus próprios recursos, instituições de educação e de assistência social, sem fins lucrativos.

Tais instituições, tanto quanto os templos de qualquer culto, são imunes aos impostos, agora em função do que preceitua o art. 150, VI, *c*, da Constituição Federal; *verbis*:

> Art. 150. Sem prejuízo de outras garantias asseguradas ao contribuinte, é vedado à União, aos Estados, ao Distrito Federal e aos Municípios:
>
> (...)
>
> VI- instituir impostos sobre:
>
> (...)
>
> c) o patrimônio, renda ou serviços... das instituições de educação e de assistência social, sem fins lucrativos, atendidos aos requisitos da lei.

Trata-se de imunidades "*implicitamente necessárias*",[161] porquanto decorrem do princípio da capacidade contributiva. Com efeito, as instituições de educação e de assistência social, sem fins lucrativos, por não apresentarem resultados econômicos, passam ao largo dos impostos. Queremos com isso significar que as desonerações continuariam presentes, ainda que à míngua de previsão constitucional expressa.

---

160. Absolutamente não estamos reduzindo tudo a uma questão de dinheiro, mas o fato é que ele, porque quantificável, é um bom parâmetro para se aferir a solidariedade das pessoas.

161. Misabel Derzi, *Notas de Atualização* ao livro *Limitações Constitucionais ao Poder de Tributar*, de Aliomar Baleeiro (Rio de Janeiro, Forense, 2010, 8ª ed., p. 374).

Como quer que seja, a expressa menção constitucional à ausência de fins lucrativos reforça a tese de que a imunidade em questão foi concedida para que a educação e a assistência social – atividades essenciais do Estado, pois formam o homem para que se insira na sociedade como cidadão consciente – venham complementadas por terceiros economicamente desinteressados.

Ressai, com facilidade, pois, que estas imunidades objetivam estimular entidades privadas a, sem escopo econômico ou lucrativo, terçar lanças ao lado do Poder Público, em favor da educação e da assistência social, matérias que, em nosso País, lamentavelmente deixam muito a desejar.

Aliás, essa visão desgarra-se da ideia, que pessoalmente não aceitamos, de que as imunidades tributárias envolvem privilégios. Na realidade, elas são instrumentos de garantia e promoção de valores essenciais à sociedade – como estes que, de modo economicamente desinteressado, giram em torno da educação e da assistência social.

Por outro lado, tipificaria indesculpável contrassenso (e, repetimos, o Direito se compadece com o bom senso) as pessoas políticas exigirem impostos de entidades *non profits*, ou seja, cujo patrimônio ou eventuais *superávits* está preordenado ao desempenho de funções tipicamente estatais. Noutras palavras, seria um despautério jurídico o Estado, que, em matéria educacional e assistencial, está longe de fazer o que deve, ainda por cima viesse a cobrar impostos das entidades que, sem fins lucrativos, o substituem.[162]

Portanto, o art. 150, VI, *c*, da Constituição Federal, impede que os instrumentos tributários tolham o desempenho, por tais entidades – verdadeiras auxiliares do Poder Público

---

162. É o que igualmente pensa Ruy Barbosa Nogueira; *verbis*: "*... seria um dos maiores absurdos que as entidades de caridade, científicas ou de educação, sem fins lucrativos, fossem obrigadas a pagar impostos ao tesouro público, quanto todo o seu patrimônio, rendas ou serviços já são destinados a preencher tais funções ou atribuições essenciais do Estado*" (*Imunidades...*, p. 71).

–, de funções (estatais) voltadas, sem interesses econômicos, à educação e à assistência social.

Em suma, o sentido destas desonerações fiscais salta aos olhos: trazer, para nosso Estado Democrático de Direito, a garantia de que não incidirão impostos sobre entidades privadas que colaborarem, sem fins lucrativos, com o Poder Público, no exercício das relevantíssimas funções educacionais e assistenciais.

Além disso, as imunidades tributárias das instituições de educação e de assistência social, sem fins lucrativos, colimam a estimular sua multiplicação, já que indubitavelmente prestam relevantes e sempre mais necessários serviços à população em geral, máxime à mais carente.

II- Assim, como não é difícil notar, a Carta Magna, neste passo, colocou as instituições de educação e de assistência social, sem fins lucrativos, no rol daquelas em favor das quais o Estado solicita a colaboração de toda a sociedade, oferecendo-lhes, em contrapartida, o direito fundamental de não serem submetidas à tributação por meio de impostos.

De fato, é justamente porque o Estado não reúne condições objetivas para levar avante, de modo satisfatório, a educação do povo e a assistência social *lato sensu*, que estimulou tais "*instituições*" de direito privado a suprir-lhe as deficiências, dando-lhes, em contrapartida, no mais elevado plano normativo, ou seja, na Constituição Federal, a vantagem de não serem submetidas à tributação por meio de impostos. Ora, a desoneração tributária, *in casu*, é consequência do esforço que essas entidades fazem em favor do fomento à educação e à assistência social.

III- Aqui chegados, registramos que o termo "*instituições*" (do latim *instituere*: fixar, construir, ensinar) tem, na passagem constitucional em foco, a acepção técnica de pessoas jurídicas de direito privado, criadas em caráter permanente, com o objetivo de atender ao interesse coletivo, vale dizer, de perseguir finalidades públicas. Noutras palavras, ele se refere a entidades que colimam a dar efetividade, de modo economicamente desinteressado, a *valores* ligados ao vasto e importantíssimo campo da educação e da assistência social.

Neste contexto, as "*instituições de educação e de assistência social*" podem assumir a natureza jurídica de associações civis, fundações privadas, serviços sociais etc.,[163] bastando que estejam preordenadas a garantir às pessoas a fruição dos direitos sociais em sentido lato, tais como definidos na Constituição Federal (art. 6º). O fundamental, para que gozem das imunidades tributárias em tela, é que *(i)* sejam qualificadas, pela ordem jurídica, como educacionais ou de assistência social, *(ii)* não tenham fins lucrativos, *(iii)* atendam às suas finalidades essenciais e *(iv)* cumpram os requisitos formais definidos em lei complementar ou ato normativo a ela equivalente (no caso, os contemplados nos arts. 9º e 14, do *CTN*).

Estes assuntos, porém, carecem de desdobramentos, que passamos a fazer.

IV- As *instituições de educação*, sem fins lucrativos, secundam as atividades do Estado, ajudando-o, sem *animus lucrandi*, a atender, entre outros, aos comandos intersertos nos arts. 1º, III; 6º; e 205, da Constituição Federal; *verbis*:

> Art. 1º. A República Federativa do Brasil, formada pela união indissolúvel dos Estados e Municípios e do Distrito Federa, constitui-se em Estado Democrático de Direito e tem como fundamentos:
>
> (...)
>
> III – a dignidade da pessoa humana.

---

163. No mesmo sentido, Sacha Calmon Navarro Coêlho assevera: "*A palavra instituição não tem nada a ver com tipos específicos de entes jurídicos, à luz de considerações estritamente formais. É preciso saber distinguir, quando a distinção é fundamental e não distinguir quando tal se apresente desnecessário. Instituição é palavra desprovida de conceito jurídico-fiscal. Inútil procurá-la aqui e alhures, no direito dos povos. É um 'functor'. O que a caracteriza é exatamente a função e os fins que exerce e busca, secundária a forma jurídica de sua organização, que tanto pode ser fundação, associação, etc. O destaque deve ser para a função, os fins*" (*Curso...*, p. 309).

> (...)
>
> Art. 6º. São direitos sociais **a educação**, a saúde, a alimentação, o trabalho, a moradia, o lazer, a segurança, a previdência social, a proteção à maternidade e à infância, a assistência aos desamparados, na forma desta Constituição.[164]
>
> (...)
>
> Art. 205. A educação, direito de todos e dever do Estado e da família, será promovida e incentivada com a colaboração da sociedade, visando ao pleno desenvolvimento da pessoa, seu preparo para o exercício da cidadania e sua qualificação para o trabalho.

Cuida-se, é bem de ver, de normas cogentes, que, por reforçarem direitos sociais consagrados na Constituição Federal, não podem ser ignoradas pelos Poderes Públicos. Muito de revés, na medida em que a educação é *direito de todos* e *dever do Estado*, posto que corolário inafastável do magno *princípio da dignidade da pessoa humana*, há de ser diuturnamente implementada, se por mais não fosse, em razão do que preceitua o art. 3º, IV, da Lei Maior; *verbis*:

> Art. 3º. Constituem objetivos fundamentais da República Federativa do Brasil:
>
> (...)
>
> IV- promover o bem de todos, sem preconceitos de origem, raça, sexo, cor, idade e quaisquer outras formas de discriminação.

Ora, evidentemente, o Estado não reúne condições para, sozinho, assegurar o direito de todas as pessoas à educação. Daí não poder prescindir do concurso de entidades não governamentais, sem *fito de lucro*,[165] que, vindo em seu auxílio, lhe supram as notórias deficiências.

---

164. Grifamos.

165. Quando escrevemos "*sem fito de lucro*", absolutamente não estamos querendo significar que a gratuidade na prestação dos serviços educacionais é requisito essencial para o desfrute da imunidade. De fato, não a inviabiliza a circunstância de uma escola cobrar mensalidades de seus alunos. Pelo contrário, se, com o produto arrecadado, limitar-se a remunerar, de acordo com as leis de mercado, seus

Dito de outro modo, o Constituinte, em face da relevância da educação, autorizou fosse proporcionada também por instituições privadas. Mas ele fez mais do que isso: para melhor favorecer esta cooperação com o Estado, estabeleceu serem imunes a impostos, aquelas que, sem *espírito de ganho*, o auxiliarem a promover os supramencionados valores.

Realmente, por fazerem as vezes do Estado, as instituições de educação, sem fins lucrativos (que, portanto, não exibem *capacidade contributiva*), foram expressamente declaradas, pela Constituição Federal, imunes a impostos sobre "*patrimônio, renda ou serviços*".

V- Também as instituições de assistência social, sem fins lucrativos, são imunes aos impostos, porque, de maneira economicamente desinteressada, pelejam, ao lado do Estado, para amparar os desvalidos e hipossuficientes. Tal desoneração se justifica, já que elas estão preordenadas a, sem escopos financeiros, fazer o bem, que, como é de comum sabença, não é para ser contemplado, mas realizado.

Concordamos, pois, com o seguinte raciocínio de Ives Gandra da Silva Martins; *verbis*:

> A letra "c" (do inc. VI, do art. 150, da CF)... claramente coloca as instituições de...assistência social entre aquelas em que o Poder

---

funcionários e professores, bem como a investir em equipamentos e materiais, inexistem motivos jurídicos para retirar-lhe a desoneração constitucional.
Note-se que, se a gratuidade fosse essencial para o desfrute da imunidade, perderia completamente o sentido a norma contida na alínea "c", do inc. VI, do art. 150, da Carta Política. Deveras, as escolas mantidas pelo Estado (obrigatoriamente gratuitas, por força do disposto no art. 206, IV, da *CF*), por prestarem serviço público, estariam alcançadas pela alínea "a" do mesmo inciso, que proclama serem imunes a impostos os serviços prestados por pessoas políticas. Assim, apenas alguns poucos educandários, mantidos por entidades filantrópicas ou por beneméritos, teriam direito à desoneração constitucional.
Assim, não nos parece, que esta seja a melhor interpretação do texto constitucional. A nosso sentir, mesmo as instituições de educação privadas, que cobram mensalidades de seus alunos, são abrangidas pela imunidade. Basta que, sem fins lucrativos, se associem ao Estado na consecução dos objetivos contemplados no art. 205 da Lei Maior e, é claro, cumpram os requisitos do art. 14, do *CTN* (ausência de intuito lucrativo, aplicação integral de seus rendimentos no País e adequada escrituração de suas receitas).

> Público pede a colaboração da sociedade, ofertando-lhe, por esta colaboração, a contrapartida lógica e natural, ou seja, a não incidência de impostos sobre suas atividades.[166]

Va- Anotamos, por vir ao caso, que tais instituições podem assumir múltiplas naturezas jurídicas (associações civis, fundações privadas, serviços sociais etc.), desde que, sem *espírito de ganho*, tenham por escopo o desenvolvimento social, na esteira, diga-se de passagem, do disposto nos arts. 1º, IV; 3º, II e III; 203, I a VI; e, 218, da Constituição Federal; *verbis*:

> Art. 1º. A República Federativa do Brasil, formada pela união indissolúvel dos Estados e Municípios e do Distrito Federa, constitui-se em Estado Democrático de Direito e tem como fundamentos:
>
> (...)
>
> IV – os valores sociais do trabalho e da livre-iniciativa.
>
> (...)
>
> Art. 3º. Constituem objetivos fundamentais da República Federativa do Brasil:
>
> (...)
>
> II – garantir o desenvolvimento nacional;
>
> III – erradicar a pobreza e a marginalização e reduzir as desigualdades sociais e regionais;
>
> (...)
>
> Art. 203. A assistência social será prestada a quem dela necessitar, independentemente de contribuição à seguridade social, e tem por objetivos:
>
> I – a proteção à família, à maternidade, à infância, à adolescência e à velhice;
>
> II – o amparo às crianças e adolescentes carentes;

166. "*Títulos de Capitalização, cuja Comercialização por Entidades de Assistência Social sem Fins Lucrativos, tem os Resultados, Deduzidas as Despesas, Destinados exclusivamente a seus Objetivos Sociais – Imunidade Tributária das Receitas*", in *Revista Dialética de Direito Tributário*, vol. 215, agosto de 2013, p. 186 (esclarecemos no parêntese).

III – a promoção da integração ao mercado de trabalho;

IV – a habilitação e reabilitação das pessoas portadoras de deficiência e a promoção de sua integração à vida comunitária;

"V – a garantia de um salário-mínimo de benefício mensal à pessoa portadora de deficiência e ao idoso que comprovem não possuir meios de prover à própria manutenção ou de tê-la provida por sua família, conforme dispuser a lei;

VI – a redução da vulnerabilidade socioeconômica de famílias em situação de pobreza ou de extrema pobreza.

(...)

Art. 218. O Estado promoverá e incentivará o desenvolvimento científico, a pesquisa, a capacitação científica e tecnológica e a inovação. (Redação dada pela Emenda Constitucional nº 85/2015).

Vb- Frisamos, outrossim, que estes preceitos, por dizerem de perto com os direitos fundamentais, são de observância obrigatória, ou seja, demandam efetivo e rigoroso cumprimento.

Vc- Por outro lado, a assistência social pressupõe um conjunto de ações, definidas no art. 203, do Texto Magno , que tem por objetivo principal a promoção da dignidade da pessoa humana, como fundamento do próprio Estado brasileiro.

Escrevemos "*objetivo principal*" porque, como sustentamos em nosso *Curso*:

> (...) a assistência social tem um sentido sobremodo amplo, que vai muito além da previdência social, tal como definida nos arts. 149 e 194 da Carta Magna. Pelo contrário, abarca todas as medidas protetivas dos hipossuficientes, pouco importando se estes são indivíduos, grupos, classes, categorias profissionais, microempresas etc. A ideia é que ela deve estar voltada para a redução – quando não a eliminação – de desigualdades, carências e injustiças.
>
> Com tais condutas a instituição assistencial sem fins lucrativos associa ao desenvolvimento econômico do País o bem-estar de segmentos expressivos da população mais carente, dando-lhes tranquilidade, justiça e equidade.[167]

167. *Curso...*, p. 795.

Vd- Registramos, igualmente, que o *princípio da dignidade da pessoa humana* vê-se reafirmado em muitas passagens da Carta Magna, mas em nenhum há tanta proximidade com o núcleo essencial desse máximo valor jurídico, como o que se encontra estatuído no art. 203, que exige do Estado "*proteção*" às pessoas carentes (inclusive jurídicas[168]), em todas as situações, sem qualquer contrapartida remuneratória.

Deste modo, as ações assistenciais devem ser adotadas com esforços descentralizados do Estado, inclusive com a cooperação de instituições assistenciais, sem fins lucrativos, mantidas por Igrejas.

Ve- Em suma, como o Estado sabidamente não está aparelhado para dar adequada assistência social às pessoas, precisa contar com a coparticipação das instituições assistenciais, sem fins lucrativos. Em compensação, desonera-as – tanto quanto às instituições de educação sem fins lucrativos – do encargo de recolher impostos.

VI- Aqui chegados, abrimos um rápido parêntese, para afirmar que as imunidades tributárias contempladas no art. 150, VI, *c*, da Constituição Federal, estendem-se a todos os impostos e, não, apenas, aos que incidem sobre o patrimônio, a renda ou os serviços. É que a Carta Magna usou, neste passo, de uma linguagem econômica e, portanto, não jurídica.

Lembramos que, para a Economia, todos os impostos ou são sobre a renda, ou sobre o patrimônio ou sobre os serviços. Assim, por exemplo, para esta Ciência, são impostos sobre o patrimônio, dentre outros: *a)* o imposto sobre grandes fortunas; *b)* o imposto territorial rural; *c)* o imposto sobre a propriedade de veículos automotores; e, *d)* o imposto predial e territorial urbano. Já, para o Direito são impostos diferentes: os dois

---

168. Constitui um equívoco supor que só são entidades de assistência social as que, sem fins lucrativos, amparam pessoas físicas. Também revestem esta condição as que fomentam e incentivam, de modo economicamente desinteressado, as microempresas e as empresas de pequeno porte.

primeiros, de *competência privativa* da União; o terceiro, dos Estados-membros; o último, dos Municípios. Em suma, quando aludiu aos impostos sobre o patrimônio, a renda e os serviços, ela, na verdade, fez referência a todos eles, sem exceção.

VIa- Embora, no texto constitucional, esteja simplesmente escrito "*patrimômio, rendas ou serviços*", a imunidade em questão alcança todos os impostos. Este entendimento, ainda que não derive da literalidade do art. 150, IV, *c*, ora em exame, coaduna-se com sua interpretação sistemática.

VIb- Sempre dentro do assunto, impende salientar que o legislador, mesmo o Constituinte, não dá à publicidade *normas jurídicas*, mas *textos*, a cujos *enunciados* o labor hermenêutico atribui *significados*. A esses *significados*, sim, dá-se o nome técnico de *normas jurídicas*.

É por isso que não é jurídica a "*interpretação literal*", também chamada "*interpretação gramatical*". A interpretação gramatical é mero pressuposto de interpretação; é ponto de partida, jamais ponto de chegada do labor exegético; é, se quisermos, uma interpretação *prima facie*, que decorre dos conhecimentos linguísticos e das idiossincrasias do intérprete. Definitivamente, não é uma interpretação jurídica.

Jurídica é a "*interpretação sistemática*", fruto da contextualização, no ordenamento jurídico, do significado do texto normativo. Anote-se que, quando se está diante de *direitos fundamentais* (como este de ver garantida a assistência social *lato sensu*), jurídica é a "*interpretação conforme a Constituição*",[169] com o conjunto de seus critérios e valores.

---

169. Entende-se atualmente que a Constituição, além de ser o texto fundador e legitimador do ordenamento normativo, é um parâmetro hermenêutico de construção e realização do Direito. O postulado da "*interpretação conforme a Constituição*" leva necessariamente a que, diante de várias possibilidades interpretativas de uma norma, se opte pela mais consentânea com o Texto Magno.
Nesse sentido, de resto, pronunciou-se Karl Larenz; *verbis*: "*Se uma interpretação, que não contradiz os princípios da Constituição, é possível segundo os demais critérios de interpretação, há de preferir-se a qualquer outra em que a disposição viesse a ser inconstitucional. A disposição é então, nesta interpretação, válida. Disso decorre,*

De fato, no inseguro universo das palavras que integram o texto legislativo – sujeitas à arte encantatória e à prestidigitação dos retóricos e sofistas –, o jurista deve desvendar-lhes o *núcleo de significação*, o que só é possível mediante a interpretação sistemática.

VIc- Destarte, a expressão "*patrimônio, renda ou serviços*" há de receber interpretação abrangente, até porque, para o Direito, todos os impostos podem ser reconduzidos a um destes três conceitos. Logo, juridicamente, tal expressão tem o sentido de "*todos os impostos*", que, de algum modo, se relacionem com o agir pertinente, isto é, apropriado aos objetivos a que se destinam, das instituições de educação e de assistência social, sem fins lucrativos.

Assim, não podem incidir *(i)* sobre o imóvel onde, sem fins lucrativos, as atividades educacionais ou assistenciais se desenvolvem, o *imposto predial e territorial urbano* (*IPTU*), *(ii)* sobre seus serviços típicos, o *imposto sobre serviços de qualquer natureza* (*ISS*), *(iii)* sobre os aportes financeiros que obtêm, o *imposto sobre a renda da pessoa jurídica* (*IRPJ*), *(iv)* sobre a aquisição de bens imóveis destinados ao atendimento de suas finalidades essenciais, o *imposto sobre a transmissão "inter vivos", por ato oneroso, de bens imóveis* (*ITBI*), *(v)* sobre a propriedade de seus veículos automotores, utilizados para o desempenho de suas finalidades essenciais, o *imposto sobre a propriedade de veículos automotores* (*IPVA*), *(vi)* sobre as operações de crédito, câmbio e seguro ou as relativas a títulos e valores mobiliários que dizem respeito ao seu patrimônio, renda ou serviços, o *IOF*;[170] e, assim avante.

---

então, que de entre várias interpretações possíveis segundo os demais critérios sempre obtém preferência aquela que melhor concorde com os princípios da Constituição" (*Metodologia da Ciência do Direito*, tradução de José Lamego, Fundação Calouste Gulbenkian, Lisboa, 3ª ed., 1997, p. 480).

170. Cfr. *STF* – AI 726774/SP, Rel. Min. Ricardo Lewandowski, j. 21.10.2008.

Em razão da regra imunizante em estudo, nenhum destes impostos – nem quaisquer outros que incidam sobre atos ou fatos coligados ao desempenho de suas finalidades essenciais – pode alcançar as instituições de educação ou de assistência social, sem fins lucrativos.

VId- Encampando essa linha de raciocínio, o Supremo Tribunal Federal, no julgamento do RE 257700-MG, decidiu que a imunidade alcança os imóveis de entidades de assistência social, ainda que locados a terceiros; *verbis*:

> IMUNIDADE TRIBUTÁRIA. ART. 150, VI, 'C', DA CONSTITUIÇÃO. INSTITUIÇÃO DE ASSISTÊNCIA SOCIAL. EXIGÊNCIA DE IMPOSTO PREDIAL E TERRITORIAL URBANO SOBRE IMÓVEL DE PROPRIEDADE DA ENTIDADE. ALEGAÇÃO DE QUE O ÔNUS PODE SER TRANSFERIDO AO INQUILINO. A norma inserta no art. 150, inciso VI, alínea 'c', da Constituição Federal prevê a imunidade fiscal das instituições de assistência social, de modo a impedir a obrigação tributária, quando satisfeitos os requisitos legais. Tratando-se de imunidade constitucional, que cobre patrimônio, rendas e serviços, não importa se os imóveis de propriedade da instituição de assistência social são de uso direto ou se são locados. Recurso não conhecido.[171]

E, no voto que expendeu no RE 221395-SP, o Ministro Marco Aurélio afastou a incidência de *IPTU* sobre imóveis utilizados como escritório e residência de membros de instituições de educação e de assistência social, sem fins lucrativos; *verbis*:

> IMUNIDADE - INSTITUIÇÕES DE EDUCAÇÃO E ASSISTÊNCIA SOCIAL SEM FINS LUCRATIVOS - IMÓVEIS - ESCRITÓRIO E RESIDÊNCIA DE MEMBROS. O fato de os imóveis estarem sendo utilizados como escritório e residência de membros

171. Seguindo nessa trilha, o Supremo Tribunal Federal, decidiu, ao julgar os Recursos Extraordinários n° 116.188-4 e 144900, que a renda obtida por instituição de assistência social, sem fins lucrativos, mediante a cobrança de estacionamento de veículos na área interna da entidade, desde que voltada para o custeio das suas atividades de benemerência, é abrangida pela imunidade contemplada no art. 150, VI, c, do Diploma Magno.

> da entidade não afasta a imunidade prevista no artigo 150, inciso VI, alínea 'c', § 4º da Constituição Federal.[172]

VIe- Só nos resta aplaudir essas decisões, pois, evidentemente, de nada adiantaria inadmitir a incidência de *IPTU* sobre os imóveis onde se desenvolvem, sem fins lucrativos, as atividades educacionais e assistenciais das instituições, e, ao mesmo tempo, permitir sua cobrança sobre escritórios e residências de seus membros. Seria o mesmo que cassar, ainda que de modo parcial, a imunidade tributária em tela, já que tal tributação reduziria o patrimônio e as rendas das entidades, que se veriam compelidas a deixar de aplicar seus resultados econômicos, em prol de suas atividades precípuas.

VII- Voltando ao assunto principal, *instituições de educação ou de assistência social, sem fins lucrativos*, são pessoas jurídicas de direito privado que se ombreiam ao Estado, em ordem a atender, sem *animus lucrandi*, aos supramencionados direitos fundamentais.

Daí podermos afirmar que o preceito estampado no art. 150, VI, c, da Lei Maior, estimula a sociedade civil a atuar, sem escopo de lucro, em benefício da educação e da assistência social. Neste sentido, as instituições em pauta, prestam um favor à sociedade, levando a efeito aquilo que o Estado teria a obrigação de fazer, mas – verdade seja dita–, por falta de estrutura adequada e de recursos, infelizmente não faz. A imunidade a impostos, no caso, é uma pequena compensação, do muito que estas entidades altruisticamente fazem, em favor da comunidade.

VIII- Do exposto ressai que as instituições de educação e de assistência social, sem fins lucrativos, foram declaradas, pela Constituição Federal, imunes a impostos, exatamente

---

172. O mesmo entendimento é pacífico, no Pretório Excelso, quanto aos bens imóveis, temporariamente ociosos, de propriedade das instituições de educação e de assistência social, sem fins lucrativos, que atendam aos requisitos legais (cf. RE 767332 RG/ MG. Relator: Min. Gilmar Mendes. Supremo Tribunal Federal, Plenário, j. em 31/10/2013).

porque secundam o Estado na realização do chamado "*interesse público primário*" (Renato Alessi). Por avocarem atribuições típicas do Estado, é altamente justificável e louvável não poderem ser compelidas a recolher impostos sobre suas atividades típicas. Aliás – insista-se –, não tendo finalidades lucrativas, não poderiam, mesmo, ser tributadas por meio de impostos, por ausência de capacidade contributiva (art. 145, § 1º, 1ª parte, da Constituição Federal[173]).

IX- Exatamente por isso, os preceitos constitucionais em tela de discussão estimulam a sociedade civil a atuar, de modo economicamente desinteressado, em benefício da educação e da assistência social.

É que as instituições educacionais e assistenciais, sem fins lucrativos, desenvolvem atividades que miram ao aperfeiçoamento das pessoas, em suas várias dimensões (material, moral, cultural, artística, científica etc.), tendo em vista o bem comum. Evidentemente, não precisam atender às necessidades básicas de toda a população (o que, de resto, seria impossível), mas, apenas, às de segmentos expressivos da comunidade. Aliás, a própria Constituição, quando aponta os objetivos da educação e da assistência social, em nenhum momento declara que elas somente serão prestadas pelo Estado e a todos indistintamente.

X- Seguindo nessa trilha, nunca é demais proclamar que o ideal é que as instituições de educação e de assistência social, sem fins lucrativos, se multipliquem. Mais um motivo, pois, para que se afastem interpretações restritivas das normas que as declaram imunes a impostos. De resto, a *intentio constitutionis* é no sentido de que tais entidades não tenham seu agir impedido ou embaraçado por meio destas figuras exacionais.

---

173. Constituição Federal – "*Art. 145 – (omissis) - § 1º. Sempre que possível os impostos terão caráter pessoal e serão graduados segundo a capacidade econômica do contribuinte...*".

Em resumo, as instituições de educação e de assistência social, sem fins lucrativos, foram declaradas, pela Carta Suprema, imunes a impostos, porque avocam atribuições típicas e essenciais do Estado. Vai daí que, na interpretação e aplicação das regras de imunidades que as favorecem, deve, o quanto possível, prevalecer o elemento teleológico ou finalístico, que, no caso, é a preservação das próprias entidades.

XI- Sublinhe-se, que as instituições de educação e de assistência social, sem fins lucrativos, não podem ter retirada a imunidade ora em estudo, ainda que se dediquem a atividades remuneradas, capazes de prover-lhes os recursos necessários à sua manutenção e a de seus programas desinteressados. Noutras palavras, nada impede que apresentem sobras financeiras, até para evitar que, a médio ou longo prazo, feneçam.

Desnecessário, pois, para a permanência da imunidade de que aqui se cogita, que a instituição de educação ou de assistência social, sem fins lucrativos, nada cobrem por seus serviços ou, caso o façam, que se limitem a receber o suficiente para garantir o equilíbrio de suas contas. Basta que seus fundadores, administradores e gestores **não** compartilhem dos eventuais resultados econômicos positivos da entidade.

XIa- Lembramos, ainda, que descabe a alegação de que o § 4º, do art. 150, da Constituição Federal, impede tal entendimento, ao estabelecer que "*as vedações expressas no inciso VI, alíneas 'b' e 'c', compreendem somente o patrimônio a renda e os serviços relacionados com as finalidades essenciais das entidades nelas mencionadas*".

É que, segundo estamos convencidos, não decorre deste dispositivo que as instituições de educação e de assistência social, sem fins lucrativos, perdem o direito à imunidade se exercerem atividades econômicas. O que lhes é vedado é desvirtuar a aplicação dos rendimentos assim obtidos.

Portanto, o elemento determinador da imunidade em tela é a *destinação* dos recursos obtidos pela entidade. Caso se demonstre que os aplica para a consecução de seus objetivos, não há motivos jurídicos para retirar-lhe a desoneração constitucional.

Além de tudo, até prova em contrário, a instituição de educação ou de assistência social, sem fins lucrativos, regulamente constituída, tem em seu favor a presunção de que, ao adotar medidas econômicas (investimentos, operações financeiras, compra de ações, alugueres de bens etc.), leva a preceito suas finalidades sociais. E, o ônus de derrubá-la é do Fisco, a quem cabe demonstrar, pelos meios em direito admitidos, que a entidade se desviou da sua rota estatutária.

XIb- Para que melhor se compreenda: se as receitas[174] obtidas tiverem aplicação consentânea com as finalidades essenciais da instituição de educação ou de assistência social, sem fins lucrativos, o reconhecimento da imunidade tributária em tela é de rigor. O que a Lei Maior exige, neste particular, é apenas a correspondência entre a renda obtida e a sua aplicação, pelo que, se houver sintonia entre os valores obtidos e as finalidades essenciais da entidade, a vontade constitucional estará satisfeita.

XIc- Anotamos, ademais, que quando o § 4º, do art. 150, da Constituição Federal reza "*para atender às suas finalidades sociais*", ele não delega, nem à lei (complementar ou ordinária), nem, muito menos, à Fazenda Pública, a missão de explicitar quais são. Pelo contrário, elas devem ser buscadas interpretando-se sistematicamente o próprio Texto Supremo.

Ora, o único limite que este § 4º implicitamente estabelece, para o desfrute da exoneração constitucional, é a impossibilidade de as instituições de educação ou de assistência social, sem fins lucrativos, distribuírem seus bens ou rendas aos que as dirigem, aos seus fundadores, ou a terceiros que a elas de algum modo estejam vinculados. Isso, evidentemente,

---

174. Por receitas há de se entender as receitas líquidas, ou seja, as obtidas após a dedução das despesas necessárias, inclusive com pessoal, à manutenção da entidade.

não impede o pagamento dos salários dos funcionários, conselheiros de administração e diretores executivos, se e enquanto tais valores forem compatíveis com as *leis de mercado*.

XId- Por outro lado, quando a Constituição Federal se refere às rendas relacionadas às atividades essenciais das instituições de educação ou de assistência social, sem fins lucrativos, ela cuida da sua destinação e, não, da sua natureza ou origem. Não é preciso, portanto, que tais rendas sejam produzidas pelo objeto social da entidade; basta que venham empregadas na sua consecução.

Ademais, como bem observa Luciano da Silva Amaro:

> Seria um dislate supor que "rendas relacionadas com as finalidades essenciais" pudesse significar, restritivamente, "rendas produzidas pelo objeto social da entidade". Frequentemente, o atendimento do objeto social é motivo para despesa e não fonte de recursos. Fosse aquele o sentido, qualquer fonte de custeio da entidade que não derivasse dos próprios usuários de seus serviços ficaria fora do alcance da imunidade.[175]

Portanto, as instituições de educação e de assistência social, sem fins lucrativos, podem desenvolver atividades que lhes tragam dividendos, desde que o façam com comedimento e os recursos deste modo obtidos se enderecem à concretização das finalidades essenciais da entidade.

Mas, neste ponto, precisamos entrar um pouco nos detalhes.

XIe- Como o Direito não aceita abusos, é fundamental que estas atividades sejam desenvolvidas em caráter meramente secundário, é dizer, de modo a não repercutirem na própria natureza jurídica da instituição. Tal se daria, por exemplo, se uma instituição assistencial, sem fins lucrativos,

175. "*Algumas Questões sobre a Imunidade Tributária*", *in Imunidades Tributárias*, obra coordenada por Ives Gandra da Silva Martins, Centro de Extensão Universitária/Editora Revista dos Tribunais, São Paulo, 1998, pp. 145.

passasse sistematicamente a adquirir e vender imóveis, de modo a concorrer com as empresas do setor. Esta conduta, por ter o potencial de gerar desequilíbrio concorrencial, ferindo, destarte, o *princípio da livre-iniciativa*,[176] não está sob a égide da imunidade tributária prevista no art. 150, VI, *c*, da Constituição Federal. Evidentemente, caberá ao Poder Judiciário, quando provocado, dizer a última palavra, a respeito, sempre obedecido, é claro, o *devido processo legal*.

Em suma, o que o dispositivo constitucional em foco veda é a apropriação dos haveres da instituição de educação ou de assistência social, sem fins lucrativos, para serem utilizados em finalidades divorciadas dos seus estatutos.

XII- Ressaltamos inexistir regra constitucional que proíba a instituição educacional ou de assistência social, sem fins lucrativos, de tomar medidas conducentes à sua crescença econômica, até porque, graças a elas, tenderá a melhor atingir seus objetivos altruísticos.

Demais disso, até prova em contrário, a instituição educacional ou de assistência social, sem fins lucrativos, regulamente constituída, tem em seu favor a presunção de que leva avante suas finalidades estatutárias. E o ônus de derrubar tal presunção é do Fisco, a quem cabe demonstrar, pelos meios em direito admitidos, que a entidade se desvirtuou.

---

176. A *livre-iniciativa* é uma das diretrizes de nosso sistema jurídico-econômico. O assunto foi minudentemente disciplinado na Constituição Federal, que, já em seu art. 1º, alça a "*livre-iniciativa*" (inc. IV) ao patamar de *fundamento* da República Federativa do Brasil. E, mais adiante, em seu art. 170, *caput*, volta a estatuir que nossa ordem econômica funda-se no princípio da "*livre-iniciativa*".
Este princípio encerra, parafraseando Robert Alexy, um *comando de otimização*, que impõe se busque a melhor maneira de cumpri-lo, inclusive coibindo práticas que perturbem o funcionamento do mercado e, com isso, tenham a potencialidade de acarretar desequilíbrio concorrencial.
Ora, tal ocorreria, caso se concedesse irrestrita e total imunidade tributária a atividades manifestamente empresariais, desenvolvidas por instituições de educação ou de assistência social, sem fins lucrativos, que aplicassem os ganhos obtidos na consecução de seus objetivos estatutários.

XIII- Também não inviabiliza a desoneração constitucional em tela a circunstância de a instituição educacional ou de assistência social, sem fins lucrativos, não estar aberta a qualquer pessoa que a queira frequentar. Dito de outro modo, mais técnico, é dispensável, para os fins do art. 150, VI, c, da Constituição Federal, o atributo da *generalidade do acesso* dos beneficiários; basta que tal acesso seja marcado pela *impessoalidade*.

XIV- Por igual modo, a imunidade tributária não cai por terra se, de tais atividades econômicas, resultar *superávit*.

Irreprochável, a propósito, o seguinte raciocínio de Misabel Derzi; *verbis*:

> O CTN proíbe a distribuição de lucros, exatamente no pressuposto de que existam ou possam existir. Os "lucros", o "excedente" da receita sobre os gastos não estão proibidos. Apenas se coíbe distribuí-los ou tê-los como meta. Aliás, se a pobreza fosse o pressuposto da imunidade, inútil seria o dispositivo da Constituição Federal.[177]

Logo, para que a desoneração perdure, basta que "*o patrimônio, a renda e os serviços*" estejam relacionados às "*finalidades essenciais*" das instituições de educação e de assistência social, sem fins lucrativos.

O que a Constituição Federal veda – tornamos a escrever – é a distribuição do *superávit* aos fundadores, dirigentes ou administradores. Noutros termos, não pode haver *apropriação particular* dos resultados positivos, ou, se preferirmos, *animus distribuendi*.[178]

---

177. "*A imunidade das instituições de educação e de assistência social*", *in Imposto de renda – alterações fundamentais*, coordenação de Valdir de Oliveira Rocha, Dialética, São Paulo, 1998, pp. 175-6.

178. Não faz desaparecer a imunidade, no entanto, a circunstância de os dirigentes da instituição de educação ou de assistência social, sem fins lucrativos, serem remunerados de acordo com os valores de mercado. O mesmo se pode dizer do reembolso que estes mesmos dirigentes venham a receber de despesas de viagem, nacionais ou internacional, desde que as locomoções sejam realizadas a bem das atividades educacionais ou assistenciais, respectivamente, e sem luxos desnecessários, o que será aferido, em última análise, pelo Poder Judiciário.

No entanto, se as preditas atividades econômicas forem exercidas tendo em mira a consecução dos objetivos públicos da instituição, assegurando-lhe a sobrevivência, o direito à imunidade permanecerá íntegro.

De resto, se a razão de ser da imunidade é alavancar a educação e a assistência social, os *superávits* das instituições que, sem fins lucrativos, a elas se dediquem, devem ser estimulados e, não, combatidos, pois, aumentando-lhes as forças econômicas, mais e melhor as capacitam a ampliar suas importantíssimas atividades.

XIVa- Depois, como logo veremos, o próprio art. 14, do Código Tributário Nacional, não veda a possibilidade de uma instituição educacional ou de assistência social, sem fins lucrativos, apresentar sobras financeiras; apenas proíbe que sejam, a qualquer título, distribuídas entre os dirigentes, administradores ou fundadores da entidade.

Insista-se: o exercício de atividade econômica não é óbice ao reconhecimento da imunidade, se as receitas por meio delas obtidas forem aplicadas na manutenção das instituições, e no desenvolvimento de seus relevantes programas.[179]

Em suma, o *superávit* (que não deve ser confundido com o *lucro*), longe de ser um adversário a combater, é um aliado a estimular, porque sinaliza boa administração. Afinal, com o aumento de seu patrimônio, a instituição de educação ou

---

179. Este entendimento, diga-se de passagem, foi sufragado pelo Ministro Sepúlveda Pertence, relator da ADI nº 1.802-MC; *verbis*: "... *conforme* a própria característica de 'entidade sem fins lucrativos' constante do § 3º, do art. 12 da lei questionada [Lei *nº 9.532/1997] – 'a que não apresente superávit em suas contas, ou caso os apresente em determinado exercício, destine referido resultado integralmente ao incremento de seu ativo imobilizado' – faz claro que não as descaracteriza o exercício de atividade econômica, desde que o salvo positivo não se converta em lucro a ser distribuído aos associados*" (j. em 27.08.98 - esclarecemos nos colchetes).
Anote-se que a Lei nº 9.718/1998, deu ao § 3º, do art. 12, da Lei 9.532/1997, redação ainda mais precisa; a saber: "*Considera-se entidade sem fins lucrativos a que não apresente superávit em suas contas ou, caso o apresente em determinado exercício, destine referido resultado, integralmente, à manutenção e ao desenvolvimento dos seus objetivos sociais*".

de assistência social, sem fins lucrativos, disporá de mais recursos para ampliar suas instalações, para reequipá-las, para, enfim, melhor atender aos beneficiários.

O que estamos procurando deixar claro é que estas instituições, se não forem de mera fachada (comprovável apenas após rigorosa investigação do Poder Público), **nunca têm lucro** – o que pressupõe *animus distribuendi*[180] –, ao contrário das

---

180. A Constituição Federal não nos fornece definição alguma de *lucro*. O termo "lucro", porém, não é um simples "rótulo". Tampouco, uma "*caixa vazia*", dentro da qual o legislador, o intérprete ou o aplicador podem colocar o que melhor lhes aprouver. Pelo contrário, "*lucro*" tem uma acepção técnica, revelada pelo direito societário.
O diploma normativo que define o lucro é a *Lei das Sociedades Anônimas* (Lei 6.404, de 15.12.1976), cujo art. 191 estabelece: "*Art. 191. Lucro líquido do exercício é o resultado do exercício que remanescer depois de deduzidas as participações de que trata o art. 190*".
Prescreve este art. 190: "*Art. 190. As participações estatutárias de empregados, administradores e partes beneficiárias serão determinadas, sucessivamente e nessa ordem, com base nos lucros que remanescerem depois de deduzida a participação anteriormente calculada*".
Também há de ser considerado, para o correto entendimento do assunto, o art. 186 da mesma Lei 6.404/1976, *verbis*:
"*Art. 186. A demonstração dos lucros ou prejuízos acumulados discriminará: I – o saldo do início do período, os ajustes de exercícios anteriores e a correção monetária do saldo inicial; II – as reversões de reservas e o lucro líquido do exercício; III – as transferências para reservas, os dividendos, a parcela dos lucros incorporada ao capital e o saldo ao fim do período.*
§1º. Como ajustes de exercícios anteriores serão considerados apenas os decorrentes de efeitos da mudança de critério contábil, ou da retificação de erro imputável a determinado exercício anterior, e que não possam ser atribuídos a fatos subsequentes.
§ 2º. A demonstração de lucros ou prejuízos acumulados deverá indicar o montante do dividendo por ação do capital social e poderá ser incluída na demonstração das mutações do patrimônio líquido, se elaborada e publicada pela companhia".
Deixando de lado detalhes, que não vêm para aqui, o fato é que da análise destes artigos ressai nitidamente que *lucro* é o *resultado positivo* experimentado pela pessoa jurídica, num dado período de apuração, abatidos os valores empregados para obtê-lo.
O lucro enseja um acréscimo na capacidade econômica do contribuinte, ou, se preferirmos, revela disponibilidade de riqueza nova. E esta é fruto de um *resultado final*, que deve levar em conta não apenas as receitas da pessoa jurídica, mas as despesas necessárias à sua obtenção (custos, prejuízos, provisões, participações etc.).
O que importa considerar, neste passo, é que *lucro* é *resultado operacional*, preordenado à apropriação pelos sócios, administradores, fundadores etc. da empresa. Justamente o contrário do que se dá com as instituições educacionais e assistenciais, sem fins lucrativos, cujos *superávits* pressupõem o total reinvestimento, na entidade e em atividades-meio, para alavancar suas funções paraestatais.

empresas em geral, que, no desempenho de suas atividades econômicas, estão no mercado justamente para obtê-lo e partilhá-lo com seus sócios, fundadores e diretores.

Logo, continua a ser *sem fins lucrativos* a instituição de educação ou de assistência social que busca resultados econômicos positivos a fim de, com a ampliação de seu patrimônio, melhor alcançar suas metas, sem depender da filantropia e da caridade. Somente derruba a imunidade, a apropriação de suas rendas, vale dizer, o locupletamento pessoal dos dirigentes ou dos fundadores da entidade.

***XIVb*-** Mas, retornando à questão da gratuidade, milita em seu desfavor a própria dicção do art. 150, VI, *c*, da Constituição Federal, que, ao estatuir serem imunes aos impostos, as *rendas* das instituições de educação e de assistência social, sem fins lucrativos, logicamente pressupõe que tais acréscimos patrimoniais podem existir. De fato, caso não houvesse a possibilidade de obtenção de rendas, não haveria razão para declará-las imunes aos impostos.

XV- Fazendo um esforço analítico, temos que, para a permanência da desoneração constitucional em tela, não é necessário que a instituição de educação ou de assistência social, sem fins lucrativos, *(i)* nada cobre por seus serviços (até porque, inexistindo remuneração, nenhum imposto há a pagar, por ausência de base de cálculo) ou, mesmo, que *(ii)* a cobrança apenas baste para afastar o *déficit*, vale dizer, para manter o equilíbrio de suas contas, ou, ainda, que *(iii)* não faça qualquer investimento ou aplicação financeira. É suficiente que seus administradores, membros ou gestores não partilhem dos eventuais resultados econômicos positivos que daí advierem, mas, pelo contrário, os reapliquem no *munus* institucional (*princípio do reinvestimento obrigatório*). [181]

---

181. Isso está longe de significar, no entanto, que os administradores, membros ou gestores da instituição de educação ou de assistência social, sem fins lucrativos, não possam ser contratados, para prestar-lhe serviços assalariados; basta que a remuneração seja compatível com as condições usuais de mercado.

XVI- Por outro lado, também são abrangidas pela imunidade as *atividades-meio* da instituição educacional ou de assistência social, sem fins lucrativos, vale dizer, as medidas, inclusive financeiras, que tenham por escopo carrear-lhe novos recursos, para o melhor atingimento de seus fins. Graças a elas, a entidade não se estiolará.

XVIa- Quanto aos aluguéis recebidos, estes valores, desde que aplicados no atingimento dos escopos da instituição, servirão de estímulo e subsídio para tais pessoas jurídicas, que suprem as notórias deficiências educacionais ou assistenciais do Estado, podendo-se, pois, no caso, falar em "*sanção premial*".[182]

XVIb- Já, acerca das medidas financeiras, temos que compete ao bom administrador tomar as providências necessárias para que eventuais resultados positivos da entidade venham reinvestidos e, assim, multiplicados.

Deveras, os reinvestimentos, justamente porque preordenados ao atendimento das *finalidades essenciais* dessas pessoas jurídicas, passam ao largo da tributação por meio de impostos, que acabaria, por suas repercussões econômicas, desfalcando-lhes o patrimônio, afastando-as, assim, dos objetivos que nortearam sua criação.

XVIc- Remarcamos que, mesmo as instituições de educação e de assistência social, sem fins lucrativos, que obtêm *sobras financeiras*, desde que as reinvistam no atingimento de seus objetivos, são abrigadas pela imunidade em tela.

A respeito, escrevemos: "*[A] remuneração dos funcionários, dirigentes, administradores e gestores, desde que efetuada de acordo com as leis de mercado e que seja equivalente aos serviços laborais por eles prestados, não afasta a imunidade em tela. O que a afasta é a remuneração exorbitante ou sem causa, que mal consegue esconder a distribuição do patrimônio ou das rendas da entidade*" (*Curso...*, p. 696).

182. Empregamos a expressão "*sanção premial*" no sentido de recompensas, vantagens, estímulos ou prêmios, que a ordem jurídica concede a pessoas que adotam comportamentos valiosos ou meritórios.

Afinal, é para favorecer a cooperação com o Estado, auxiliando-o a possibilitar o pleno desenvolvimento das pessoas, que o art. 150, VI, *c*, da Constituição Federal, concede às instituições de educação e de assistência social, sem fins lucrativos, a imunidade tributária em apreço.

XVII- Calha referir, ainda, que, para uma instituição de educação ou de assistência social, sem fins lucrativos, seu patrimônio é algo que não deve ser descurado. Por isso, haverá de ser não só mantido, como multiplicado, por meio de aplicações financeiras e investimentos de toda ordem. De fato, sem ele – ou, mesmo, com sua redução – fica mais difícil, quando não impossível, alcançar os nobres fins da entidade.

Mais um motivo, portanto, para que se afastem os impostos da instituição educacional ou de assistência social, sem fins lucrativos. Com tal cautela estar-se-á, sem dúvida, protegendo a própria pessoa jurídica e, por extensão, a sociedade em geral.

Aliás, o desenvolvimento de atividades econômicas até se impõe pelas circunstâncias reinantes em nosso País. Realmente, seria deveras temerário depender, para continuar existindo, da sempre incerta caridade, seja oficial, seja particular.

XVIII- Reiteramos que a gratuidade na prestação dos serviços educacionais ou de assistência social **não** é o pressuposto para o desfrute da imunidade em tela. Noutras palavras, a circunstância de a instituição cobrar por estes serviços não ilide seu direito à desoneração tributária. Pelo contrário, se, com o que cobra, remunera seus quadros de acordo com as leis de mercado, bem como investe em instalações, cursos, equipamentos e materiais, continua a ter pleno direito à exoneração constitucional.

Realmente, caso a gratuidade fosse *conditio sine qua non* ao gozo da imunidade, praticamente estariam esvaziados os comandos contidos no art. 150, VI, *c*, da Constituição Federal. Apenas algumas poucas entidades, mantidas por filantropos ou por verbas públicas, nelas se enquadrariam, o que não nos parece seja a melhor interpretação do dispositivo em análise, já que desatende à "*lógica da prudência*", conatural à Ciência do Direito (jurisprudência).[183]

XIX- Mas, a respeito, há outro ponto a considerar: não raro, as instituições educacionais e assistenciais, sem fins lucrativos, para atingirem seus elevados objetivos, adquirem materiais e equipamentos.

Daí a pergunta: quando o fazem, estas entidades imunes devem suportar a carga econômica dos tributos (*IPI*, *ICMS*, *Imposto de Importação*, *PIS/COFINS* etc.) que incidem sobre tais operações jurídicas? Ou, indagando de outro modo: as imunidades tributárias cedem passo diante dos chamados "*tributos indiretos*"?

Com Heleno Taveira Torres, damo-nos pressa em responder que **não**.

Este brilhante jurista, partindo do pressuposto de que as imunidades tributárias existem para conservar e manter e, não, para destruir, aduz que cobrar impostos e contribuições sociais sobre tais aquisições "*equivale a tolher a imunidade e reduzi-la a limites incompatíveis com sua função constitucional*".[184] E, acrescenta:

> Não persiste na Constituição nenhuma disposição que autorize excluir da imunidade do art. 150, VI, "c", e § 4º, da CF os chamados "tributos indiretos", pela distinção entre "contribuinte de

183. Oportuníssima, a respeito, a exortação de Goffredo da Silva Telles Júnior; *verbis*: "*Se a aplicação da lei a um caso concreto produzir efeito contrário ao que ela pretende,* ***aplicá-la*** *equivale a* ***violá-la****, porque será contrariar o seu pensamento, o seu espírito. (...) Na interpretação das leis, mais importante do que o rigor da lógica racional, é o entendimento razoável dos preceitos, porque o que se espera inferir das leis não é, necessariamente, a melhor lógica, mas uma justa e humana solução*". "*O Chamado Direito Alternativo – Interpretação Razoável*", in *Revista da Faculdade de Direito da Universidade de São Paulo*, nº 94/79, São Paulo, 1999 (os negritos estão no original).

184. "*Imunidade Tributária e Tributos 'Indiretos': O caso das entidades de saúde*", in *Estudos em homenagem ao Professor Roque Antonio Carrazza*, vol. 1, Malheiros Editores, São Paulo, 2014, p. 254.

> direito" e "contribuinte de fato", unicamente para afastar a imunidade das entidades por serem estas "contribuintes de fato". Ora é justamente esse o motivo (...) que justifica a exclusão da incidência tributária. A imunidade não se limita ao "contribuinte de direito", e não há nada na Constituição que justifique essa restrição.[185]

Corretíssima a lição, porquanto as operações de aquisição de bens e produtos, que irão compor ou ampliar o patrimônio destas instituições, auxiliam-nas a alcançar suas finalidades essenciais.

De fato, se, como não há duvidar, a Constituição pretende, ao desonerar de impostos e contribuições, as instituições educacionais e assistenciais, sem fins lucrativos, justamente para que melhor atinjam seus elevados objetivos, de modo algum pode prevalecer qualquer interpretação que leve tais entidades a assumir a carga econômica destes tributos, mesmo daqueles que a doutrina mais tradicional rotula de "*indiretos*", porque comportariam, por sua natureza, "*transferência do respectivo encargo financeiro*" (cf. art. 166, do *CTN*[186]).

XIXa- Anote-se que esta referência aos tributos que comportam, por sua natureza, transferência do respectivo encargo financeiro (*tributos indiretos*) não é jurídica, já que perante o Direito é irrelevante saber quem suporta a carga econômica da exação. O que importa considerar, sim, sob este enfoque, é quem realizou o *fato imponível*, independentemente de haver, ou não, o repasse do ônus financeiro do tributo ao preço final do produto, da mercadoria, do serviço etc.

Seguimos, portanto, a mesma opinião de Edwin Robert Anderson Seligman[187] no sentido de que a questão da reper-

---

185. *Idem, ibidem*, pp. 256 e 257.

186. Código Tributário Nacional – "Art. 166. *A restituição de tributos que comportem, por sua natureza, transferência do respectivo encargo financeiro somente será feita a quem prove haver assumido o referido encargo, ou, no caso de tê-lo transferido a terceiro, estar por este expressamente autorizado a recebê-la*".

187. *Théorie de la Répercussion et de l'Incidence de l'Impôt*, trad. francesa de Louis Suret, V. Giard & E. Brière, Paris, 1910, p. 1.

cussão econômica é um falso problema, fruto daquilo que o mestre da Universidade de Columbia, tomando por empréstimo expressão cunhada por Felix Esquirou de Parieu, chamava de "*simplicidade da ignorância*" ("*simplicité de l'ignorance*").[188]

Acerca do assunto vêm a pelo os argutos comentários de Alfredo Augusto Becker; *verbis*:

> "Simplicidade da ignorância: por sua própria natureza alguns tributos repercutem e outros não". O raciocínio baseado nesta premissa é ingênuo e denuncia superficialíssima noção do fenômeno da repercussão, porque todos os tributos repercutem. Noutras palavras, os fatores decisivos da repercussão econômica do tributo são estranhos à natureza do tributo e determinados pela conjuntura econômico-social. Além disso, a previsibilidade da repercussão econômica e a constatação dos resultados efetivos da repercussão alcançam-se por aproximação, ainda distante e nebulosa, mediante utilização de princípios financeiros extremamente complexos e cujos resultados ainda são de natureza macroeconômica.[189]

Entre estes tributos – que ousaríamos chamar de "*mágicos*", porque, somente eles repercutiriam economicamente – figurariam o *IPI*, o *ICMS*, o *PIS* e a *COFINS*.

Nada menos exato. Parafraseando Becker, sob o enfoque econômico, todo e qualquer tributo *repercute*, isto é, comporta "*a transferência do respectivo encargo financeiro*". Isso porque, tipifica notório e incontestável *fato econômico*, ou seja, realidade de mercado, que as empresas, na composição de seus preços, necessariamente levam em consideração o custo de toda carga tributária incidente em suas cadeias produtivas.

E nem poderia ser de outro modo: as empresas, numa sociedade capitalista, como a nossa, buscam o lucro e, para auferi-lo, precisam considerar todos os custos, inclusive os

---

188. *Traité des impots: consideres sous le rapport historique, économique et politique en France et a l'étranger*, Tome Premier, Librairie de Guillaumin et Cie, Paris, 1ª ed., 1862, p. 80.

189. *Teoria Geral do Direito Tributário*, 2ª ed., São Paulo, Saraiva, 1982, pp. 492-3 (os grifos estão no original).

fiscais.[190] Assim, o *IPTU*, o imposto sobre a renda, as taxas de limpeza, de conservação etc. – que a própria Economia rotula de "*tributos diretos*" –, integram os *custos fixos* das empresas, e sempre têm seus valores incorporados ao *preço final* dos produtos, mercadorias ou serviços que elas oferecem, em caráter negocial, a terceiros.[191]

XIXb- Todavia, expressivo segmento doutrinário, a partir de uma interpretação literal da locução "*tributos que comportem, por sua natureza, transferência do respectivo encargo financeiro*", contida no art. 166, do *CTN*, passou a sustentar que há tributos que repercutem economicamente e, outros, que não o fazem. Daí haver classificado os tributos em *diretos* (cuja carga econômica seria suportada pelo contribuinte *de iure*) e *indiretos* (cuja carga econômica seria suportada pelo contribuinte *de facto*).[192]

Nada menos exato, pois, como vimos, todos os tributos têm sua carga econômica repassada ao consumidor final. Dito

---

190. É ingênuo supor que as empresas, na composição dos preços de seus serviços, produtos ou mercadorias, levam em conta apenas os *custos de produção* (com matéria-prima, salários, maquinarias etc.), deixando de considerar os cada vez mais pesados *custos fiscais*. Caso assim procedessem, caminhariam a passos largos para a extinção (pela falência ou pelo encerramento de suas atividades), já que jamais teriam lucro.

191. No mesmo sentido, Marco Aurélio Greco observa: "*Num regime econômico de liberdade e de mercado, os agentes econômicos buscam praticar preços em dimensão suficiente para suportar todos os custos e despesas a seu cargo e obter o respectivo lucro. Na medida em que, para continuar operando no mercado, é necessário honrá-los, o preço que a pessoa jurídica vai praticar junto a seus clientes deve ser em dimensão suficiente para gerar recursos que permitam pagar, a tempo e hora, todos os custos e despesas.* (...) *Isto abrange a folha de salários, o custo das matérias-primas, as despesas financeiras etc.,* ***bem como os tributos que oneram a empresa.*** *Isto abrange desde as contribuições de seguridade social calculadas sobre a folha de salários até a CPMF que deve recolher sobre suas transações financeiras, passando pelo IPTU dos imóveis e o IPVA dos veículos etc.*" ("*COFINS e PIS – preço dos serviços de telecomunicação e ausência de repasse jurídico ao consumidor*", *in Revista Dialética de Direito Tributário*, nº 85, São Paulo, p. 134 - grifamos).

192. Registre-se que o art. 166, do *CTN* não alude a tributos indiretos, mas a *tributos "que comportem, por sua natureza, a transferência do encargo financeiro"*. Vai daí, que a classificação dos tributos em diretos e indiretos, que reputamos juridicamente incorreta, não é sequer da lei, mas da doutrina.

de outra maneira, no plano econômico, todos os tributos repercutem, vale dizer, transferem sua carga econômica para o consumidor final, já que a repassam ao preço da mercadoria, do bem ou do serviço.

Sendo assim, é preciso apreender o significado jurídico da mencionada locução "***tributos que comportem, por sua natureza, transferência do respectivo encargo financeiro***" e saber quem é o "*terceiro*" ao qual ela se refere ("*ou, no caso de tê-lo transferido a* ***terceiro****, estar por este expressamente autorizado a recebê-la*").

XIXc- Vamos logo escrevendo que, juridicamente, este *terceiro* não é apenas quem suporta o encargo financeiro do tributo, mas quem, por expressa determinação legal, assume a responsabilidade pelo crédito tributário, substituindo o contribuinte e passando, assim, a ser parte legítima para reaver o indébito tributário, caso comprove que assumiu o encargo de ter pagado a exação indevida.

Logo, a referência que o art. 166, do *CTN*, faz a "***tributos que comportem, por sua natureza, transferência do respectivo encargo financeiro***", é jurídica e, não, econômica.[193] De modo algum nega o fato de que todos os tributos economicamente repercutem no preço final dos produtos, mercadorias e serviços oferecidos ao consumidor.

Destarte, o art. 166, do *CTN*, por tratar do *repasse* ***jurídico*** *do tributo* (e, não, do seu repasse *econômico*) tem relevância **apenas** para fins de compensação com outros tributos ou de repetição do indébito tributário.[194]

---

193. Assim também pensa Sacha Calmon Navarro Coêlho; *verbis*: "*O estudo da substituição é normativo, e não econômico. Está na estrutura da norma*" (*Curso...*, p. 684).

194. Discordamos dessa tese, que, a nosso ver, leva a um inadmissível enriquecimento sem causa do Poder Público, à custa do contribuinte. E nunca é demais lembrar que ninguém, muito menos o Estado, pode locupletar-se em prejuízo de terceiro (*nemo locupletare cum aliena iniuria*).
Com efeito, o contribuinte tem o *direito subjetivo* de recolher exatamente o que deve, a título de tributo: nem mais, nem menos. O Poder Público, de seu turno, tem o dever

Em havendo *repasse* ***jurídico*** *do tributo* (caso do *ICMS*, do *IPI*, do *PIS* e da *COFINS*, entre outros), em *fatos imponíveis* que envolvem "*uma dualidade de pessoas*", a lei cria um "*direito de crédito do sujeito ativo (o contribuinte 'de jure') contra o sujeito passivo, tradicionalmente denominado de contribuinte 'de fato'*". Esse direito de crédito pode ser exercido mediante reembolso ou por retenção na fonte.[195]

Diferentemente, na mera repercussão econômica do tributo (caso do *imposto sobre importação*, do *IRPJ*, do *ISS* etc.), a lei, conquanto não crie um direito a se ressarcir, permite que os custos tributários entrem na composição do preço a ser suportado, pelo consumidor final, ao adquirir o bem (produto industrializado ou mercadoria) ou ao fruir, a título oneroso, o serviço de qualquer natureza.

XIXd- Tudo milita, pois, no sentido de que o disposto no art. 166, do *CTN* só pode ser aplicado quando presente a

---

jurídico de arrecadar exatamente o que lhe é devido: nem mais, nem menos.
Tudo o que porventura vier pago *a maior* tipifica um *indébito tributário*, que há de ser restituído ao contribuinte ou compensado com outros tributos.
Estamos convencidos, pois, que, mesmo nos chamados *tributos indiretos*, o contribuinte, uma vez presente o indébito tributário, tem o inafastável direito de reavê-lo ou compensá-lo.
Infelizmente, porém, a ideia de que a compensação e a repetição dos *tributos indiretos* recolhidos *a maior*, só é possível quando observados os ditames do art. 166, do *CTN*, tem sido prestigiada pelo Poder Judiciário, a ponto de cristalizar-se nas Súmulas 71 ("Embora pago indevidamente, não cabe restituição de tributo indireto") e 546 ("*Cabe a restituição do tributo pago indevidamente, quando reconhecido por decisão, que o contribuinte 'de jure' não recuperou do contribuinte 'de facto' o 'quantum' respectivo*"), ambas do Supremo Tribunal Federal.
Como se vê, o Poder Judiciário tem considerado, na compensação ou na repetição do indébito tributário, a circunstância de ordem fática, de ter ou não **comprovadamente** havido o repasse, a terceiro, do valor do tributo. Em caso negativo, reconhece, ao contribuinte *de iure*, o direito à compensação ou à repetição; em caso positivo, tem pautado suas decisões de acordo com os ditames do precitado art. 166, do *CTN*, vale dizer, exige a "*autorização*" do contribuinte *de facto*.
Enfim, ganhou foros de cidade a ideia de que alguns tributos (os "*indiretos*"), ainda que comprovadamente indevidos, só são compensáveis ou repetíveis se observada a regra em tela (do art. 166, do *CTN*). Ainda mal.

195. É o "*direito de crédito do sujeito ativo (...) contra o sujeito passivo*" que faz com que o valor correspondente ao tributo a ser ressarcido (assim por reembolso, que por retenção na fonte) venha destacado (no contrato, no caso de ressarcimento por reembolso; no comprovante de pagamento, quando houver ressarcimento por retenção).

substituição tributária, ou seja, quando um terceiro ingressa, por força de lei, na relação jurídica tributária. Não, em havido simples repercussão econômica, isto é, nas hipóteses em que a carga econômica do tributo onera o consumidor final, que, todavia, não possui nenhum direito próprio contra o sujeito ativo da obrigação tributária.

Enfim, o fenômeno puramente econômico, que há nome "*contribuinte de fato*", tem relevância jurídica, na melhor das hipóteses, quando se está diante de compensação tributária ou repetição de tributo recolhido a maior. Positivamente, não tem o condão de bulir na desoneração tributária concedida pelo art. 150, VI, *c*, da Constituição Federal.

XIXe- Estamos, deste modo, sempre mais a perceber que os aludidos critérios econômicos são insuficientes para diminuir o alcance da imunidade tributária das instituições educacionais ou assistenciais, sem *animus lucrandi* e, com isso, afetar-lhes a capacidade de atender às suas *finalidades essenciais*.

Mas há outro argumento, que reforça, ainda mais, nosso ponto de vista. Vejamos.

XIXf- Uma instituição educacional ou assistencial, sem fins lucrativos, ao efetuar importações diretas de bens ou produtos industrializados, para, com eles, melhor desempenhar suas atividades estatutárias, é imune ao *IPI* e ao *ICMS*, já que, como ninguém contesta, realiza o *fato imponível* destes tributos, sendo considerada, pela própria doutrina tradicional, "*contribuinte de direito*".

Ora, como pretender que a entidade imune suporte a carga econômica destes tributos, quando adquire, no mercado interno, o mesmo tipo de bens ou produtos industrializados, só porque, agora, não passaria de "*contribuinte de fato*"? Tal inteligência, além de não ser *conforme a Constituição*, fere fundo o *princípio da isonomia tributária*[196] e, por via oblíqua, o

196. Como já tivemos a oportunidade de escrever, o princípio da isonomia tributária

disposto no art. 219, da Carta Magna, que, após guindar o *mercado interno* ao patamar do patrimônio nacional, acrescenta que ele *"será incentivado de modo a viabilizar o desenvolvimento cultural e socioeconômico, o bem-estar da população e a autonomia tecnológica do País, nos termos de lei federal"*. Insofismavelmente, não reconhecer a imunidade, nas aquisições efetuadas no mercado interno, implica incentivar as importações, o que prejudica nossa balança comercial, além de tirar a competitividade de nossos produtos.

A respeito, Heleno Taveira Torres é, como sempre, límpido e terminante; *verbis*:

> É, pois, absolutamente inconstitucional a distinção, de há muito combatida, entre tributos "diretos" e "indiretos" para negar a extensão da imunidade tributária a todos os bens e mercadorias adquiridos no mercado interno (...) apenas pela distinção entre "contribuinte de direito" e "contribuinte de fato". Essa distinção há de ter – como tem – relevância para permitir ou afastar a repetição de indébito ou compensação de tributos "indiretos", mas nunca para definir a aplicação da imunidade tributária do art. 150, VI, "c", e § 4º, da CF, garantia constitucional que tem por objetivo evitar que o custo dos tributos incidentes possa inibir o alcance dos direitos protegidos.[197]

Realmente, a distinção entre "*contribuinte de direito*" e "*contribuinte de fato*", que nem mesmo é jurídica, não tem a propriedade de afastar, das instituições de educação e de assistência social, sem fins lucrativos, as imunidades em tela, nas aquisições internas de bens, mercadorias ou serviços, quando, nas de importação, envolvendo produtos ou serviços semelhantes, ela é incontestável.

"exige que a lei, tanto ao ser editada, quanto ao ser aplicada: a) não discrimine os contribuintes que se encontrem em situação jurídica equivalente; b) discrimine, na medida de suas desigualdades, os contribuintes que não se encontrem em situação jurídica equivalente" (*Curso...*, p. 89).
É o que, de resto, estatui o já citado art. 150, II, da Constituição Federal.

197. "*Imunidade tributária e 'tributos indiretos'*", *cit.*, p. 257.

XIXg- Neste ponto de nosso raciocínio, é o caso de trazermos à colação celebérrimos ensinamentos de Carlos Maximiliano; *verbis*: "Deve o direito ser interpretado inteligentemente, **não de modo que a ordem legal envolva um** absurdo, **prescreva inconveniências, vá ter a conclusões inconsistentes ou impossíveis**".[198]

Ora, por levar a uma conclusão juridicamente inconsistente deve ser afastado de plano o entendimento de que apenas as importações de bens, mercadorias ou serviços, realizadas pelas instituições de educação ou de assistência social, sem fins lucrativos, são imunes aos impostos e às contribuições.[199]

Enfim, não se pode aceitar que regras de imunidade tributária, plasmadas nas Constituição Federal, que tutelam interesses metaindividuais,[200] já que delimitam as competências tributárias das pessoas políticas, tenham seu âmbito normativo de aplicação restringido por classificações que, não estando sequer na lei, foram buscadas pela doutrina, na Ciência Econômica.

Tratemos, agora, do alcance do tópico "*atendidos os requisitos da lei*" (art. 150, VI, *c*, *in fine*, da *CF*).

3.2 O alcance do tópico "atendidos os requisitos da lei" (art. 150, VI, c, "in fine", da CF)

I- Como adiantamos, a Constituição Federal determina, em seu art. 150, VI, *c*, *in fine*, que as instituições de educação e de assistência social, sem fins lucrativos, devem atender aos requisitos "*da lei*".

---

198. *Hermenêutica e Aplicação do Direito*, Forense, Rio, 9ª ed., 1980, p. 166 (os negritos são do autor).

199. *V.*, *infra*, Capítulo 4.

200. O contrário se dá com as regras de isenção que tutelam interesses particulares, já que protegem o contribuinte individualmente considerado, reduzindo-lhe a carga tributária.

Esclarecemos que a referida *lei* só pode ser *complementar* (nunca *ordinária*), justamente porque regula *imunidades tributárias*, que não deixam de ser "*limitações constitucionais ao poder de tributar*".[201]

> Ora, as limitações constitucionais ao poder de tributar, nos termos do art. 146, II, da Constituição Federal,[202] só podem ser **reguladas** – jamais criadas – por meio de lei complementar.

Ia- Ao argumento de que a Carta Suprema não empregou, em seu art. 150, VI, *c*, *in fine*, a expressão "*lei complementar*", contrapomos o de que ela também não utilizou a expressão "*lei ordinária*". Antes, limitou-se a fazer uma referência genérica à *lei*, deixando aos doutrinadores a tarefa de dilucidar qual tipo de lei se trata: lei complementar.

E nem é difícil fazê-lo. Deveras, a Constituição Federal, ao estatuir, em seu art. 146, II, competir à lei complementar "*regular as limitações constitucionais ao poder de tributar*", determinou que somente a este instrumento normativo é dado cuidar do assunto. Deveras, uma interpretação conjunta dos arts. 146, II e 150, VI, *c*, da Constituição Federal, leva forçosamente a concluir que apenas à lei complementar é dado regular as imunidades em questão. Absolutamente não havia necessidade de, a cada passo, ou seja, sempre que cuidasse de

---

201. A nosso ver, é inadequada a expressão "*limitações constitucionais ao poder de tributar*", para definir o fenômeno das "*imunidades tributárias*", pois leva a equivocadamente supor que a Carta Magna, primeiro, outorga à pessoa política, a competência tributária, para, só depois, mutilá-la. Na realidade, como procuramos demonstrar no *capítulo 1*, *supra*, a competência tributária já nasce, em sede constitucional, com seu campo de atuação perfeitamente traçado, por meio de regras positivas e negativas, que atuam ao mesmo tempo, quando o legislador ordinário de cada pessoa política cria "*in abstracto*" a exação. Mantivemos, porém, a expressão, porque ela foi utilizada seja no art. 146, II, da Constituição Federal, seja para nominar a Seção II, do Capítulo I, do Título VI, deste Diploma Magno.

202. Constituição Federal – "*Art. 146. Cabe à lei complementar: (...) II – regular as limitações constitucionais ao poder de tributar*".

limitações ao poder de tributar, ela fazer expressa referência à lei complementar.

Em suma, a boa hermenêutica jurídica revela que tal lei **só pode ser** uma *lei complementar*, editada pelo Congresso Nacional (lei, pois, da Federação brasileira). E – convém que se frise – uma lei complementar que esgote o assunto, nada relegando, deste modo, à lei ordinária das pessoas políticas.

A par disso, é tal lei complementar que, veiculando *normas gerais*, estabelecerá os requisitos para a aplicação uniforme, em todas as Unidades Federadas, do conteúdo das referidas desonerações constitucionais.

Ib- O que a Constituição exige, na passagem *sub analise*, é a uniformização de critérios, para o desfrute da imunidade em pauta, o que só uma lei complementar, de âmbito nacional, pode fazer. De fato, caso se admitisse que a lei ordinária de cada pessoa política, ainda que dentro dos limites de sua competência tributária, pudesse cuidar do assunto, teríamos, em tese, mais de 5.600 disciplinas diferentes,[203] para regular as imunidades (não só esta, como todas as demais), no País.

A absurdez da tese é autoexplicativa. Realmente, atentaria contra o próprio *princípio federativo* imaginar que qualquer legislador ordinário pudesse criar, a seu talante, requisitos para o reconhecimento da imunidade em questão. Eventual permissão, nesse sentido, acabaria, na prática, por desvirtuá-la, além de criar insegurança jurídica para os contribuintes.

II- Todavia, a lei complementar deve, no caso, cuidar apenas de *aspectos formais*, isto é, apontar medidas aptas a assegurar a eficácia do mandamento constitucional em foco. Cabe-lhe, em síntese, apenas assegurar a teleologia desse

203. Na Federação brasileira, além da União, temos vinte e seis Estados-membros, um Distrito Federal e mais de cinco mil e quinhentos Municípios, todos competentes para editar leis ordinárias, que tratem de matéria tributária.

dispositivo, estabelecendo requisitos compatíveis com a finalidade da desoneração.

É que o próprio constituinte já indicou o *aspecto material* para o desfrute da imunidade: a ausência de fins lucrativos. Absolutamente não atribuiu, ao legislador complementar, competência para abrir ou fechar as portas da tributação das instituições de educação e de assistência social, sem fins lucrativos, mas, pelo contrário, apenas permitiu que venha a *detalhar* os requisitos e limites pertinentes e adequados à fruição da imunidade.

Neste ponto, convém jamais perdermos de vista que, especialmente em matéria tributária, as normas infraconstitucionais, para terem validade, devem passar pela "*filtragem constitucional*", na feliz expressão de Clèmerson Merlin Clève.

III- Também é interdito à lei complementar alterar os conceitos, constitucionalmente postos, de *instituição de educação e de assistência social, sem fins lucrativos.* Não lhe é dado, igualmente, criar requisitos esdrúxulos para a fruição da limitação tributária em tela, fragilizando, assim, a determinação do constituinte.

A esse último respeito, impende relembrar que as imunidades moldam as competências tributárias, que só podem ser exercitadas dentro dos limites postos pela Lei Maior.

Ora, tendo as imunidades tributárias sede constitucional e demarcando os campos reservados à tributação, nem a inércia do legislador complementar as torna inócuas,[204] nem sua ação positiva têm o condão de diminuir-lhes o alcance. À lei complementar é reservado, no caso, apenas, o *propósito de explicitação*, afastando incertezas quanto ao alcance de tais desonerações. Inexiste, em suma, espaço jurídico, para que o

204. A nosso sentir, os dispositivos constitucionais que tratam de imunidades tributárias são autoaplicáveis e, bem por isso, produzem efeitos, independentemente da edição de lei complementar integrativa, pouco importando se esta é exigida, de modo expresso, pela Carta Suprema.

legislador complementar agregue requisitos novos, para que a incompetência tributária constitucional permaneça.

Portanto, a circunstância de o Diploma Magno estabelecer, em seu art. 150, VI, *c*, *in fine*, que a imunidade ora em estudo se dará "*atendidos os requisitos da lei*", está longe de significar que o legislador complementar recebeu *carta branca* para cuidar do assunto. Deve fazê-lo com toda a cautela, para que não haja a *subversão normativa* a que alude José Joaquim Gomes Canotilho; *verbis*:

> No caso do agente do reenvio (e respectivo acto) se situar num plano hierarquicamente superior ao do agente para o qual se reenvia (caso da remissão da constituição para a lei) há o perigo de uma inversão da hierarquia normativa, através da introdução, pela entidade reenviada, de "objectos normativos" que o 'âmbito normativo' da norma constitucional reenviante não contempla. A lei constitucional reenviante degrada-se em "lei sem constituição", porque, encapuçada ou expressamente, o agente que é objeto do reenvio preenche o conteúdo da remissão através de juízos e valores exclusivamente infraconstitucionais.[205]

Enfim, inexiste, no caso, qualquer delegação do poder constituinte ao legislador complementar. Este, ao apontar os requisitos para a fruição da imunidade em pauta deve nortear-se pelo texto constitucional, afastando as eventuais incertezas acerca de seus parâmetros, mas sempre prestigiando a inteligência que dele diretamente se pode extrair.

IV- Muito bem. A doutrina e a jurisprudência concordam que o art. 14, do Código Tributário Nacional, trata desta matéria que – repita-se – está sob reserva de lei complementar.[206]

---

205. *Constituição Dirigente e Vinculação do Legislador*, Coimbra, Coimbra Editora, 1994, pp. 403-404.

206. O *CTN* (Lei nº 5.172, de 25.10.1966) foi votado como lei ordinária nacional, já que, à época, inexistia, em nosso ordenamento jurídico, a figura das leis formalmente complementares à Constituição. Este diploma, no entanto, foi recepcionado pela nova ordem constitucional, pelo que, embora formalmente continue a ser uma lei ordinária, materialmente é uma lei complementar, que atende aos ditames do art. 146, da atual Carta Suprema.

É ele, pois, que dá plena execução ao disposto no art. 150, VI, *c*, *in fine*, da Constituição Federal, como, inclusive, já decidiu o *STF*, em sessão plenária.[207]

Prescreve o art. 14, do *CTN*:

> Art. 14. O disposto na alínea c do inciso IV do art. 9º[208] é subordinado à observância dos seguintes requisitos pelas entidades nele referidas:
>
> I – não distribuírem qualquer parcela de seu patrimônio ou de suas rendas, a qualquer título;[209]
>
> II – aplicarem integralmente, no País, os seus recursos na manutenção dos seus objetivos institucionais.[210]
>
> III – manterem escrituração de suas receitas e despesas em livros revestidos de formalidades capazes de assegurar sua exatidão.

---

207. O *STF* decidiu que os requisitos de lei, mencionados no art. 150, VI, *c*, da atual Carta Magna, são os apontados no art. 14, do *CTN*, que, portanto, foi recepcionado pela ordem constitucional adventícia. Confira-se: "*IMUNIDADE TRIBUTÁRIA. ENTIDADES VOLTADAS À ASSISTÊNCIA SOCIAL. A norma inserta na alínea 'c' do inciso VI do artigo 150, da Carta de 1988 repete o que previa a pretérita alínea 'c' do inciso III do artigo 19. Assim, foi recepcionado o preceito do artigo 14 do Código Tributário Nacional, no que cogita dos requisitos a serem atendidos para o exercício do direito à imunidade*" (MI 420, Tribunal Pleno, Rel. Min. Marco Aurélio, D.J. 23.09.94, v.u.).

208. O art. 9º, IV, c, do *CTN*, seguindo na trilha do art. 150, VI, c, da Constituição Federal, estabelece: "*Art. 9º. É vedado à União, aos Estados, ao Distrito Federal e aos Municípios: (...) IV- cobrar imposto sobre: (...) c) o patrimônio, a renda ou os serviços de partidos políticos e de instituições de educação ou de assistência social, observados os requisitos fixados na Seção II deste Capítulo*".
O § 1º, deste mesmo art. 9º, acrescenta que as pessoas imunes, havendo lei nesse sentido, são responsáveis pelos tributos que lhes caiba reter na fonte, bem como devem praticar atos que assegurem que terceiros cumpram suas obrigações tributárias.

209. Redação dada pela Lei Complementar 104, de 10.1.2001. A redação original era: "I – não distribuírem qualquer parcela de seu patrimônio ou de suas rendas, a título de lucro ou participação no seu resultado". Segundo pensamos, houve, no caso, apenas um aperfeiçoamento redacional. Ressaltamos que este inciso I não cuida de aspecto substancial novo. E nem o poderia fazer, sob pena de reduzir o alcance do preceito constitucional em tela, que, implicitamente, já estabelece as condições da imunidade, dentre as quais figura a ausência de fins lucrativos, ou seja, o não favorecimento a interesses privados. Será inconstitucional qualquer interpretação deste dispositivo do Código Tributário Nacional que consagre nova restrição.

210. Conforme demonstramos no Capítulo II, Xb.1 a Xb.5, esse inciso II não se aplica às Igrejas.

Sintetizando e adaptando o dispositivo *supra* ao nosso tema central, temos que as instituições de educação e de assistência social, sem fins lucrativos, para terem jus à imunidade do art. 150, VI, "c", da Constituição Federal, devem: *a)* abster-se de distribuir seu patrimônio ou renda; *b)* aplicar integralmente no País seus rendimentos, *na manutenção dos seus objetivos institucionais* (isto é, não efetuar, sob nenhum pretexto, remessa de divisas ao exterior); e, *c)* manter, em livros próprios, a escrituração adequada de suas receitas e despesas.[211]

Elucidemos, um pouco melhor, estes pontos.

***IVa*- A)** A remuneração dos funcionários, dirigentes e gestores, desde que efetuadas de acordo com as leis de mercado, não afasta a imunidade em tela. O que a afasta, sim, é a remuneração exorbitante ou sem causa, que mal consegue esconder a distribuição do patrimônio ou das rendas da instituição.

Melhor dizendo, a imunidade somente cai por terra quando, sob a aparência de *salários* (aí compreendidas todas as demais retribuições trabalhistas), os funcionários, dirigentes e gestores forem alvo de verdadeira *distribuição disfarçada de lucros*.[212]

Adiantamos, porém, que as instituições de educação e de assistência social, sem fins lucrativos, para preservarem a imunidade de que aqui se cogita, não podem distribuir eventuais *superávits* aos fundadores, administradores ou dirigentes, mas, pelo contrário, devem investir, nelas próprias, a totalidade dos resultados econômicos obtidos.[213]

---

211. Afirmamos, *a priori*, a inconstitucionalidade de lei ordinária ou de qualquer outro ato normativo, que não seja uma lei complementar, que acrescenta novos requisitos aos apontados no art. 14 do *CTN*, como necessários e suficientes ao gozo das imunidades a que alude o art. 150, VI, *c*, do Texto Magno.

212. Oportuno encarecer que, seja etimológica, seja juridicamente, *distribuir* não é o mesmo que *remunerar*. Com efeito, *distribuir* é dar, repartir, ratear, sem que tenha havido qualquer contrapartida da parte do agraciado, ao passo que, *remunerar*, é retribuir comportamento do beneficiário.

213. No mesmo sentido, a lição de Aires Barreto e Paulo Ayres Barreto: "*...é instituição sem fins lucrativos toda entidade que não tenha por objetivo distribuir os seus*

Portanto, a imunidade remanesce se os salários pagos, inclusive aos diretores executivos (dirigentes não estatutários), forem compatíveis, calha referir, traduzam em pecúnia o trabalho efetivamente realizado.

De fato, nada justifica exigir que os diretores executivos, que prestam, em caráter constante e habitual, serviços laborais à entidade, não recebam remuneração por isso. O que não se admite – sob pena de perda da imunidade – é que, debaixo da aparência de salários, partilhem do patrimônio ou da renda da pessoa jurídica.

Insista-se: é irrazoável, além de ilógico, pretender que diretores executivos trabalhem numa entidade, ainda que beneficente, na base do voluntariado, até porque tal entendimento entra em conflito com diretriz apontada no art. 7º, VII, da Constituição Federal.[214]

B) Outra inteligência, qual seja, a de que é vedado a diretor, estatutário ou não, receber remuneração, pelo trabalho realizado na entidade, longe de ser uma *interpretação conforme a Constituição*, não passa de uma (injurídica) *emendatio constitutionis*, uma alteração de seu comando, uma *interpretatio abrogans*, com amparo em cogitações políticas de feitio subjetivo.

Logo, os diretores executivos (não estatutários), que possuam vínculos empregatícios na instituição educacional ou assistencial, sem fins lucrativos, podem e devem ser remunerados pelos trabalhos profissionais que, com habitualidade, nela realizam.

---

resultados, nem o de fazer retornar seu patrimônio às pessoas que a instituíram. Para que sejam classificadas como 'sem fins lucrativos', é mister que as instituições preencham dois requisitos: a) não distribuam lucros (mais correto seria dizer seus superávits); e b) não revertam seu patrimônio às pessoas que as criaram. Preenchidos esses pressupostos, tem-se instituição sem fins lucrativos" (*Imunidades Tributárias: Limitações Constitucionais ao Poder de Tributar*, Dialética, São Paulo, 1999, p. 23).

214. Constituição Federal – "*Art. 7º. São direitos dos trabalhadores urbanos e rurais, além de outros que visem à melhoria de sua condição social: (...) VII- garantia de salário, nunca inferior ao mínimo, para os que percebem remuneração variável;*".

C) Também nada impede que os diretores estatutários de tais entidades acumulem as funções de diretores executivos (remunerados). Sendo mais específicos, os diretores executivos (diretores não estatutários) da instituição educacional ou assistencial, sem fins lucrativos, podem perfeitamente receber *salários*, pelos serviços laborais que prestarem. Basta que suas remunerações sejam compatíveis, isto é, se perfaçam de acordo com as *leis de mercado.*

Depois, é altamente louvável que a instituição tenha dirigentes que nela atuem, em tempo integral, com profissionalismo e competência. Como encontrar tais dirigentes, se não se puder remunerá-los de modo adequado?

Não bastasse isso, uma interpretação restritiva do art. 14, I, do *CTN*, cristaliza o preconceito de que essas entidades devem necessariamente ser dirigidas com base no voluntariado, que, no mais das vezes, verdade seja dita, passa pelo amadorismo e pelo caráter esporádico, quando não, pela incompetência.

Reiteramos, pois, que a remuneração de diretores executivos (não estatutários) não configura nem distribuição de lucros, nem apropriação do patrimônio da entidade, mas, apenas, lídima contraprestação econômica pelo desempenho da atividade laboral.

Enfim, remunerar (pagar salários ou outras retribuições trabalhistas) a diretor não estatutário, de acordo com os valores de mercado, não é o mesmo que distribuir-lhe o patrimônio ou a renda da instituição, mas, pelo contrário, é proporcionar-lhe uma justa contraprestação econômica, pelo trabalho levado a efeito de forma não eventual (art. 3º, da *CLT*[215]).

***IVb-* A)** De seu turno, a necessidade de *aplicação dos recursos no País* impede que haja **remessa definitiva** de divisas

215. Consolidação das Leis do Trabalho (Decreto-lei 5.452/1943) – "*Art. 3º. Considera-se empregado toda pessoa física que prestar serviços de natureza não eventual a empregador, sob a dependência deste e mediante salário*".

ao exterior ou, mesmo, que a instituição auxilie financeiramente congêneres, localizadas no estrangeiro.

Não arreda, porém, o direito à imunidade, a concessão de *bolsas de estudo*, no País e até para o exterior, aos empregados das instituições de educação ou de assistência social, sem fins lucrativos. Neste último caso, conquanto os recursos não sejam despendidos no País, a entidade acabará beneficiada com o retorno de funcionários profissionalmente mais bem qualificados.

Por igual modo, no mundo globalizado em que vivemos, nada impede – e é até louvável que tal ocorra – que uma instituição educacional ou assistencial, sem fins lucrativos, na busca da excelência, adquira produtos (computadores, medicamentos, insumos, equipamentos etc.) e contrate serviços (de laboratórios especializados, de consultoria etc.) no exterior, em ordem a melhor atender aos seus objetivos institucionais. Isso, positivamente, não tipifica a remessa de divisas ao exterior, a que alude o art. 14, II, do *CTN*, já que o **resultado** de tais práticas se fará sentir totalmente no País, em favor das finalidades da instituição.

B) Relembramos, nesse passo, que as instituições de educação e de assistência social, sem fins lucrativos, não estão impedidas de desempenhar atividades de cunho econômico, contanto que os recursos deste modo obtidos revertam na manutenção de seus objetivos estatutários.

Também podem, tais entidades, efetuar, sem perda da imunidade, investimentos que eventualmente levem a aplicações financeiras no exterior. Basta que os dividendos assim obtidos venham, na consecução de suas finalidades, aplicados integralmente no País.

O art. 14, II, do *CTN*, apenas determina que o *superávit* obtido, em vez de de ser destinado aos sócios ou administradores, ou carreado para outras entidades localizadas no exterior, reverta em favor da instituição, para que ela cresça, associando-se sempre mais ao Estado, na realização do bem comum.

Definitivamente, pois, não há perda de imunidade quando a instituição de educação ou de assistência social, sem fins lucrativos, faz investimentos no exterior. Para que continue a fruir da desoneração constitucional em pauta, basta que aplique os resultados econômicos positivos assim obtidos, no Brasil, em favor do desenvolvimento de suas finalidades.

O fundamental, repita-se, é que tais atividades econômicas sejam preordenadas a assegurar a manutenção da instituição. Os aportes de recursos, desde que voltados à preservação de seu patrimônio, não lhe retiram a condição de *pessoa jurídica de direito privado, sem finalidade lucrativa.*

Logo, as receitas das instituições de educação ou de assistência social, sem fins lucrativos, provenham de onde provierem – inclusive da venda de patentes de descobertas feitas em seus laboratórios ou da cobrança de cursos por elas promovidos –, ficam desoneradas da tributação por meio de impostos. É suficiente que, a final, venham integralmente aplicados no País, no atendimento aos objetivos destas entidades.

Em resumo, a instituição de educação e de assistência social, sem fins lucrativos pode aplicar, inclusive no exterior, seus excedentes financeiros, na louvável busca de melhores proveitos econômicos. O que importa, no caso, é que o **resultado final** destes investimentos seja integralmente aplicado no País, no atingimento de seus objetivos, como forma de participação no esforço nacional em favor da promoção, respectivamente, do ensino e da assistência social.

C) Ainda a respeito, convém termos sempre presente que as verdadeiras instituições educacionais e assistenciais, sem fins lucrativos, nunca têm lucro, no sentido de resultado positivo passível de distribuição entre os investidores e participantes do capital da sociedade. Rememore-se que elas são criadas para bem servir à comunidade, vale dizer, para atingir, com a *máxima eficácia possível*, valores que a Constituição Federal considerou relevantes a ponto de estimular que pessoas jurídicas de direito privado auxiliem o Estado a levá-los a bom termo. Os *superávits* eventualmente obtidos não são apropriados pelos dirigentes, fundadores ou beneméritos de tais entidades, mas, pelo contrário, vêm totalmente aplicados nas finalidades predefinidas nos estatutos sociais.

Já, o excedente contábil das empresas, no desempenho de suas atividades econômicas capitalistas, é – este sim – *lucro*. Elas, aliás, são preordenadas a obtê-lo, o que, em nosso sistema econômico, é, com algumas limitações (determinadas pelos fins sociais que todas as empresas são constitucionalmente obrigadas a perseguir), normal e legítimo, como se depreende da análise dos arts. 5º, XIII, XXII e XXIII; 43, § 2º, II; 164, § 2º; e, 170 e ss., todos da Lei Maior.

Sobremais, a tendência do *lucro* é ser distribuído entre os capitalistas, ao passo que o *superávit* sempre será reinvestido, para o melhor atingimento dos objetivos da instituição.

Reforçando a tese, temos que o excedente contábil – *causa* e *objetivo* da atividade capitalista – não influi na formação dos atos típicos das instituições de educação ou de assistência social, sem fins lucrativos, movidas que são pelo ideal de diminuir as diferenças educacionais, culturais, econômicas, sociais etc. das pessoas que vivem em nosso País.

***IVc*- A)** Finalmente, a exigência de escrituração em livros próprios, das receitas da instituição educacional ou de assistência social, sem fins lucrativos, fornece ao Fisco instrumentos aptos à averiguação do cumprimento dos demais requisitos.[216] Trata-se de uma *obrigação acessória* (dever instrumental tributário), que deve ser cumprida pela entidade, sob pena de, se não o fizer ou o fizer de maneira incompleta, permanecer temporariamente alijada da imunidade, isto é, tê-la suspensa.

---

216. A escrituração regular tem em mira impedir que o desvirtuamento da entidade (v.g., com a distribuição de lucros e bens a seus dirigentes) seja camuflado.

A escrituração, no entanto, não precisa atender a todas as regras da técnica contábil. Basta que se revista das formalidades suficientes à comprovação do preenchimento dos requisitos apontados nos incisos I e II, e no § 1º, do art. 14, do *CTN*. Noutro giro verbal, é suficiente que ela seja capaz de fornecer os dados para conferência de que *(i)* não houve distribuição de parcela do patrimônio ou renda da instituição, *(ii)* os recursos da instituição foram, a final, aplicados integralmente no País, visando à manutenção de seus objetivos institucionais e, ainda, *(iii)* foram cumpridas, a preceito, as obrigações acessórias pertinentes.[217]

B) É claro que a Administração Fazendária tem o direito de fiscalizar se a pessoa imune preenche os requisitos da Constituição Federal e do art. 14, do *CTN*, para continuar a fruir da desoneração tributária. Assim, ainda que inexistisse o inciso III, do art. 14, do *CTN*, tal direito continuaria presente, porquanto a regularidade das informações contábeis é essencial à verificação do conteúdo indicado nos incisos I e II, do mesmo artigo. Nesse ponto, não há que se falar em restrição ao conteúdo da regra imunizante; tampouco, que se está diante de exigência estranha ao assunto.

Sendo mais específicos, as autoridades fiscais podem perfeitamente examinar a Contabilidade da instituição educacional ou assistencial, sem fins lucrativos, para aferir se ela faz jus à imunidade tributária contemplada no art. 150, VI, c, da Constituição Federal. Evidentemente, a ausência de escrituração de receitas e despesas, em livros revestidos de formalidades capazes de assegurar sua exatidão, faz nascer uma

---

217. Tal linha de pensamento foi sufragada pelo Primeiro Conselho de Contribuintes do Ministério da Fazenda (atualmente reformulado em Conselho Administrativo de Recursos Fiscais – *CARF*), que decidiu ser desnecessária "*a adoção de escrituração comercial, segundo a boa técnica contábil, e com observância das normas constantes da legislação tributária, nos moldes em que é exigida das demais empresas submetidas ao regime de tributação, com base no lucro real ou presumido. A escrituração exigida objetiva, tão somente, a verificação pela Fiscalização do cumprimento dos requisitos contidos nos incisos I e II do art. 14 da Lei nº 5.172, de 1966*" (Processo nº 10283.001362/96-68 – Acórdão nº 103-19.567, de 20 de agosto de 1998 – Rel. Cons. Edson Vianna de Brito).

presunção relativa – jamais, *absoluta*[218] – de *animus lucrandi* e, com ela, o dever de suspender a desoneração constitucional.

Salientamos, porém, que mesmo as *presunções relativas* (*iuris tantum*) – que admitem prova em contrário – devem, no campo tributário, ser adotadas com extrema cautela, de modo a preservar o direito de todas as pessoas, chancelado pela Constituição Federal, a uma tributação correta, justa e adequada.

Deste modo, somente a partir da prévia e precisa identificação do intuito de lucro pode-se suspender a imunidade tributária de que aqui se cogita. Nenhuma instituição educacional ou assistencial, sem fins lucrativos, pode sofrer esta sanção, com supedâneo exclusivamente em presunções, quanto mais *relativas*.

Sempre mais se patenteia, pois, que tudo deve ser feito sem vulnerar os direitos individuais e sociais e, ainda por cima, sempre nos termos da lei.

C) Caso as pessoas políticas, por meio de seus agentes fiscais, detectem irregularidades na escrituração das entidades apontadas no art. 150, VI, *c*, da Constituição Federal ou, analisando a documentação que estas lhes apresentarem, percebam o descumprimento dos requisitos adnumerados nos arts. 14, I e II, e 9º, § 1º, do *CTN*, podem suspender-lhes a imunidade (jamais cassá-la), deixando, assim, de reconhecê-la. É o que, com todas as letras, estatui o § 1º, do art. 14, do *CTN* (*"na falta de*

---

218. Nosso ordenamento jurídico não se compadece, em matéria tributária, com a presunção absoluta (*iuris et de iure*), que, de acordo com Diego Marín-Barnuebo Fabo, "*... puede ser definida como la disposición normativa mediante la que se considera que la realización de un hecho* ***lleva inexorablemente aparejada la realización de otro hecho distinto****, a los efectos de imputar al primero los efectos jurídicos del segundo*" (*Presunciones y técnicas presuntivas en Derecho Tributario*. Madrid: McGraw-Hill, 1996, p. 123 - grifamos).
Como se vê, a presunção absoluta não abre espaço à prova em contrário. Ora, qualquer restrição à prova em contrário colide frontalmente com a rigidez de nosso sistema constitucional tributário, que não aceita a adoção de mecanismos jurídicos que venham *inexoravelmente* em detrimento do contribuinte.

cumprimento do disposto neste artigo, ou no § 1º do art. 9º, a autoridade competente pode suspender a aplicação do benefício").

Tal suspensão, no entanto, há de ser motivada (*princípio da motivação*[219]), de modo a possibilitar que as instituições educacionais ou assistenciais, sem fins lucrativos, exercitem, querendo, seu direito à ampla defesa.

Noutros termos, eventual "*suspensão*" da imunidade, quando amparada em descumprimento de "*escrituração de suas receitas e despesas em livros revestidos de formalidades capazes de assegurar sua exatidão*", precisa ser **motivada**, para que reste evidenciada a impossibilidade de afirmar-se, com certeza, que a instituição educacional ou assistencial,

---

219. É indispensável a *motivação* – pautada por critérios fundados e pertinentes, traduzidos em justificação adequada – das medidas adotadas pelo Fisco, que levaram à suspensão da imunidade tributária da instituição de educação ou de assistência social, sem fins lucrativos.

O dever de apresentar motivação decorre da própria Constituição Federal. Daí falar-se em *princípio constitucional da motivação* (ou, simplesmente, *princípio da motivação*).

Os atos administrativos – máxime os vinculados (é o caso) – devem, sem exceção, ser motivados. Na esfera federal não há dúvidas a respeito, já que a Lei nº 9.764/1999, em seu art. 50, é peremptória, a respeito. Milita no mesmo sentido, o art. 93, X, da Constituição Federal, que exige que as decisões administrativas dos tribunais sejam motivadas. Ora, se até elas devem ser motivadas, por muito maior razão, como pondera Lúcia Valle Figueiredo (*Curso de Direito Administrativo*, Malheiros Editores, São Paulo, 7ª ed., 2004, p. 53), devem sê-lo os atos administrativos em geral, independentemente da pessoa política que os editar.

Observe-se que *motivar*, mais do que simplesmente alegar, é expor de maneira transparente, explícita e apropriada as razões de fato e de direito que levaram à edição do ato administrativo (no caso concreto, do ato administrativo que suspende a imunidade tributária).

Mas, não basta isso: é mister, ainda, que a motivação seja *verdadeira, coerente* e *precisa*. Do contrário, isto é, se forem indicados motivos falsos, incoerentes ou vagos, esta é *nula de pleno direito*, conforme, de resto, têm decidido, vezes iterativas, nossos Tribunais Superiores (*v.*, p. ex., *RDA* 48:122). É que a falta de *pertinência lógica* entre os fatos e o conteúdo dos atos administrativo que suspende a imunidade tributária, impede que a instituição educacional ou assistencial, sem fins lucrativos, defenda adequadamente seus direitos.

Sempre mais se nota, pois, que simples indícios ou conjecturas, não têm o condão de levar à suspensão da imunidade tributária do art. 150, VI, c, da Constituição Federal.

sem fins lucrativos, não efetuou distribuição de lucros, bem como, reinvestiu, nela própria, seus excedentes financeiros.[220]

Logo, não basta que os agentes fiscais aleguem a existência de irregularidades, capazes de suspender a imunidade tributária; é imprescindível que demonstrem, ponto por ponto, que, no caso concreto, elas estão presentes.

Como é fácil notar, a motivação aumenta a segurança jurídica das entidades interessadas, pois lhes torna acessíveis as razões que levaram à suspensão da imunidade e, com isso, lhes abre a oportunidade de rebatê-las, em ordem a vê-la restabelecida.

D) Evidentemente, quando a entidade comprova que cumpre os requisitos legais, ou passa a cumpri-los, tem o direito incontornável de ver restabelecida a situação anterior.

IVd- Nunca sobeja enfatizar que as instituições de educação e de assistência social, sem fins lucrativos, que realizam outras atividades lícitas, ainda que de caráter econômico, não perdem a imunidade, desde que enderecem os recursos assim obtidos, na manutenção de seus objetivos institucionais. O que importa considerar, no caso, é a destinação dada aos ganhos; não, sua origem.

V- Remarque-se, ainda, que, para que uma instituição de educação ou de assistência social, sem fins lucrativos, veja reconhecida sua condição de tributariamente imune, terá que atender **apenas** aos requisitos apontados no já estudado art. 14, do *CTN* (que faz as vezes de lei complementar).

Luís Eduardo Schoueri é, a respeito, incisivo; *verbis*:

> Importa esclarecer, neste ponto, que **esses são os únicos requisitos que devem ser observados para que se goze a imunidade.**

---

220. Se a Contabilidade comprovar fraudes ou simulações, ainda assim a "*suspensão*" não cassa a imunidade, mas retira, pelo tempo que as irregularidades perdurarem (efeitos *ex-tunc*), a exoneração aos impostos sobre o patrimônio, a renda ou os serviços da instituição de educação ou de assistência social, sem fins lucrativos.

> Não pode a lei ordinária apresentar outros requisitos, já que, uma vez cumpridos os da lei complementar, a entidade já está imune, por mandamento constitucional, a qualquer interferência do poder tributante ordinário.[221]

Portanto, não é dado a nenhum ato normativo legal (que não uma lei complementar nacional) ou infralegal impor outros requisitos para que a instituição educacional ou de assistência social, sem fins lucrativos, desfrute da imunidade em questão. Nem mesmo o de pleitear a desoneração. Realmente, se a entidade se enquadra na previsão constitucional e cumpre os requisitos do art. 14, do *CTN*, não tem por que obter atestados, autorizações, alvarás, licenças, declarações de "*utilidade pública*" *et alii*, que lhe reconheçam a condição de tributariamente imune.

Va- Com base no que acaba de ser escrito, era inconstitucional o § 1º, do art. 12, da Lei nº 9.532/1997, que estatuia:

> Art. 12. (omissis)
>
> § 1º. Não estão abrangidos pela imunidade [do art. 150, VI, 'c', da CF] os rendimentos e ganhos de capital auferidos em aplicações financeiras de renda fixa ou de renda variável.[222]

A inconstitucionalidade deste dispositivo, tanto formal quanto material era manifesta. Vale a propósito, o entendimento do Supremo Tribunal Federal, expresso no julgamento da ADI nº 1.802/DF, de relatoria do Ministro Dias Toffoli; *verbis*:

> Padece de inconstitucionalidade formal e material o § 1º do art. 12 da Lei nº 9.532/97, com a subtração da imunidade de acréscimos patrimoniais abrangidos pela vedação constitucional de tributar.[223]

---

221. *Direito Tributário*, Editora Saraiva, São Paulo, 2011, pp. 397/398 (grifamos).

222. Esclarecemos nos colchetes.

223. STF, Pleno, j. 12.4.2018, DJe 3.5.2018. Por unanimidade, os ministros julgaram parcialmente procedente a ação com a seguinte declaração: "*i) da inconstitucionalidade formal da alínea 'f' do § 2º, do art. 12; do caput art. 13; e do art. 14; bem como ii) da inconstitucionalidade formal e material do art. 12, § 1º, todos da Lei 9.532/97, sendo a ação declarada improcedente quanto aos demais dispositivos legais*". A decisão transitou em julgado em 11.5.2018.

> Realmente, este parágrafo, ao delimitar o objeto da imunidade ia além da competência que a Constituição deu à lei ordinária para cuidar do assunto. Daí sua inconstitucionalidade formal.
>
> Mas também se apresentava eivado de inconstitucionalidade material, porquanto "*determinava*" a tributação dos "*rendimentos e ganhos de capital auferidos em aplicações financeiras*" efetuadas por instituições assistenciais e educacionais sem fins lucrativos, em desobediência manifesta ao disposto no art. 150, VI, c, da Carta Federal.

Melhor explicitando, é interdito à lei ordinária, sob o ponto de vista formal, criar novas restrições (isto é, não contempladas na Carta Constitucional) à fruição da imunidade em tela.

Já, **sob o ponto de vista material**, o modo de auferir os rendimentos absolutamente não tem o condão de determinar se serão, ou não, alcançados pela imunidade do art. 150, VI, "c", da Constituição Federal. É que – permitimo-nos reiterar – o que define se são "*abrangidos pela imunidade os rendimentos e ganhos de capital auferidos em aplicações financeiras de renda fixa ou de renda variável*", pelas instituições de educação e de assistência social, sem fins lucrativos, é a integral aplicação em suas finalidades essenciais.

Vb- De sua feita, o § 2º, do art. 12, da Lei nº 9.532/1997, estabelece:

> Art. 12 ('omissis')
>
> (...)
>
> § 2º. Para o gozo da imunidade, as instituições a que se refere este artigo, estão obrigadas a atender aos seguintes requisitos:
>
> a) não remunerar, por qualquer forma, seus dirigentes pelos serviços prestados, exceto no caso de associações, fundações ou organizações da sociedade civil, sem fins lucrativos, cujos dirigentes poderão ser remunerados, desde que atuem efetivamente na gestão executiva e desde que cumpridos os requisitos previstos nos arts. 3º e 16 da Lei nº 9.790, de 23 de março de 1999, respeitados como limites máximos os valores praticados pelo mercado na região correspondente à sua área de atuação, devendo seu valor ser fixado pelo órgão de deliberação superior da entidade,

> registrado em ata, com comunicação ao Ministério Público, no caso das fundações; (Redação dada pela Lei nº 13.204, de 2015)
>
> b) aplicar integralmente seus recursos na manutenção e desenvolvimento dos seus objetivos sociais;
>
> c) manter escrituração completa de suas receitas e despesas em livros revestidos das formalidades que assegurem a respectiva exatidão;
>
> d) conservar em boa ordem, pelo prazo de cinco anos, contado da data da emissão, os documentos que comprovem a origem de suas receitas e a efetivação de suas despesas, bem assim a realização de quaisquer outros atos ou operações que venham a modificar sua situação patrimonial;
>
> e) apresentar, anualmente, Declaração de Rendimentos, em conformidade com o disposto em ato da Secretaria da Receita Federal;
>
> f) recolher os tributos retidos sobre os rendimentos por elas pagos ou creditados e a contribuição para a seguridade social relativa aos empregados, bem assim cumprir as obrigações acessórias daí decorrentes;
>
> g) assegurar a destinação de seu patrimônio a outra instituição que atenda às condições para gozo da imunidade, no caso de incorporação, fusão, cisão ou de encerramento de suas atividades, ou a órgão público.
>
> h) outros requisitos, estabelecidos em lei específica, relacionados com o funcionamento das entidades a que se refere este artigo.

Como corretamente decidido na ADI nº 1.802/DF, a alínea "*f*", do § 2º, do art. 12, da Lei nº 9.532/1997, é inconstitucional, por veicular norma sancionatória, que, além de não tratar dos limites objetivos da imunidade – o que, de resto, somente uma lei complementar nacional poderia fazer –, não se presta para identificar as instituições de educação ou de assistência social, sem fins lucrativos.

VI- Mas, retomando o rumo indicado no inciso V, *supra*, mesmo a lei complementar encontra limites, para apontar os requisitos necessários e suficientes para que as instituições de educação e de assistência social, sem fins lucrativos, gozem da imunidade tributária contemplada no art. 150, VI, *c*, da Constituição Federal.

Geraldo Ataliba, com sua lendária didática, auxilia-nos em nosso estudo; *verbis*:

> A Constituição não pôs requisitos outros, além de tratar-se de instituição que cuide de matéria de educação ou de assistência social e não ter fins lucrativos. Só poderá o Congresso Nacional cuidar de algumas outras características essenciais que decorram de outros princípios constitucionais, ou desse mesmo preceito deduzir explicitamente desdobramentos ou implicações que nele já se contenham.
>
> Parece visível que esta lei complementar específica está para a Constituição, assim como o regulamento está para a lei. O que, além, é da teoria da lei complementar, dispensando, pelo menos por enquanto, a necessidade de maior esforço de demonstração (J. Afonso, Souto Maior, Manoel Gonçalves).
>
> Parece evidentemente ser melhor interpretação a que não dá à lei complementar o poder de alterar substancialmente a materialidade da norma contida na Constituição. Se se admitir essa possibilidade, corre-se o risco seja de anulação do desígnio máximo, por obra do Congresso, seja de ampliação desmedida do mesmo, contra o objetivo constitucional.
>
> O que o art. 150, VI, 'c', quer é a colaboração destas entidades – particulares por natureza – com o Estado. Quer a Constituição não só incentivar pessoas privadas a que criem instituições de educação e assistência suprindo as deficiências da ação estatal, aperfeiçoando-a ou melhorando-a, como ainda visa assegurar que essas entidades existam desembaraçadamente, inclusive quanto a encargos tributários.[224]

E, mais adiante, o saudoso Mestre completa seu pensamento; *verbis*:

> Daí que, se a Constituição menciona, como o faz, lei complementar, só pode ser para cuidar de aspectos formais, porque os aspectos substanciais da normatividade já estão esgotados no próprio texto constitucional, sem necessidade de maiores esforços de demonstração, dado que se trata de preceito negativo ou proibitivo. Admitir o contrário (admitir que a lei complementar pode tratar desse

224. "*Imunidade de Instituições de Educação e Assistência*", *in Revista de Direito Tributário*, vol. 55, p. 139.

> conteúdo, ampliando-o ou reduzindo-o) é consentir que o legislador complementar possa anular, reduzir ou mesmo aniquilar o preceito constitucional.[225]

Em suma, a própria Constituição estabelece as condições das imunidades em foco. Não pode a lei complementar (ou o ato normativo que venha a lhe fazer as vezes), sob pena de irremissível inconstitucionalidade, erigir outras. É que ela tem caráter "*regulamentar*" e, nesta medida, deve, apenas, dar execução aos preceitos do art. 150, VI, *c*, do Texto Supremo.

Ora, se nem a lei complementar pode erigir outros requisitos, para o reconhecimento das imunidades em estudo, por muito maior razão (argumento *a fortiori*) não o poderão fazer a lei ordinária, o decreto, a portaria, a instrução normativa, o labor exegético etc.

VII- Tornamos a proclamar que o art. 14, I a III, do *CTN*, dá plena eficácia e total aplicabilidade ao art. 150, VI, *c*, da Constituição Federal. A entidade que atender aos requisitos dos incisos I a III, do art. 14, do *CTN*, tem, **só por isso**, o inafastável direito de não ser alcançada por impostos.[226]

Ressaltamos que apenas o comprovado descumprimento dos requisitos apontados no art. 14, do *CTN*, pode levar à eventual suspensão – jamais, à perda definitiva – das imunidades tributárias em tela.

Idêntico é o pensamento de Misabel Derzi; *verbis*:

> Note-se que os requisitos alinhados pelo CTN praticamente reproduzem os fundamentos essenciais dessa imunidade: não aproveitar a interesses privados (distribuição de lucros); aplicar

---

225. *Idem, ibidem*, pp. 141/2.

226. Neste sentido, diga-se de passagem, vale, mais uma vez, colacionar a posição do Primeiro Conselho de Contribuintes do Ministério da Fazenda; *verbis*: "*...a imunidade, por ser de ordem constitucional está vinculada tão somente aos requisitos previstos em lei complementar, independendo, portanto, de qualquer ato de reconhecimento por parte da Administração Tributária*" (Processo nº 10283.001362/96-68 – Acórdão nº 103-19.567, de 20 de agosto de 1998 – Rel. Cons. Edson Vianna de Brito).

> as rendas no País; manter os meios adequados à comprovação do cumprimento desses requisitos (escrituração regular). A Constituição de 1988 refere-se expressamente à inexistência de fins lucrativos como "ratio essendi" da imunidade dessas atividades. Limita também a imunidade a suas finalidades essenciais, ou seja, (...) das instituições de educação e de assistência social, incorporando uma restrição, apenas implícita no Texto Magno anterior, mas já determinada expressamente pelo Código Tributário Nacional (art. 14). (...)
>
> Não cabe ao... legislador ordinário criar outros requisitos não previstos em lei complementar, tais como a declaração legal de utilidade pública; a exigência da constituição de fundação como único veículo formal ao desenvolvimento das atividades educacionais ou assistenciais; a gratuidade dos serviços prestados por seus diretores e administradores, etc.[227]

Realmente, o art. 14, do Código Tributário Nacional, recepcionado como lei complementar, apenas exterioriza as condições para que as entidades desfrutem da imunidade contemplada no art. 150, VI, *c*, da Constituição Federal. Por isso, reiteramos que, sob pena de inconstitucionalidade, nenhuma lei ordinária (federal, estadual, municipal ou do Distrito Federal) pode "*criar*" requisitos adicionais para a fruição da imunidade em questão; menos ainda, restringir-lhes o alcance.

VIII- Logo, temos por incontroverso que aos atos fiscalizatórios é dado, tão somente, aferir a existência dos requisitos aqui analisados.

Apenas o descumprimento dos requisitos apontados no art. 14, I a III, do *CTN* pode levar à eventual suspensão do benefício em análise.

227. "*A Imunidade das Instituições de Educação ou de Assistência Social*", *in Imposto de Renda – Alterações Fundamentais*, 2º vol., São Paulo, Dialética, 1998, pp. 146 e 147.

Aliás, como vimos, estes preceitos dilucidam os requisitos, postos na Constituição, para que as entidades usufruam das desonerações tributárias em estudo: ausência de fins lucrativos e consecução de suas finalidades essenciais.

Lembramos que as situações de imunidade das instituições de educação e de assistência social, sem fins lucrativos, não podem ser desconstituídas por meio de lei complementar, muito menos o podem ser por meio de lei ordinária.

De fato, qualquer lei ordinária que venha a disciplinar o assunto terá, na melhor das hipóteses, caráter exclusivamente declaratório. Se repetir a Constituição e a lei complementar pertinente, será inócua; se as restringir, inconstitucional.[228]

Definitivamente, é vedado às pessoas políticas impedir, por meio de lei ordinária, que instituições de educação e de assistência social, sem fins lucrativos, que cumpram os requisitos do art. 14, do *CTN*, desfrutem das imunidades tributárias a que têm direito.

IX- Observamos, sempre a propósito, que se a lei ordinária, neste assunto, está tolhida por tão formidáveis peias, por muito maior razão, os decretos, as portarias, as instruções normativas, os comunicados etc., que, dentro da *pirâmide jurídica*, ocupam posição a ela inferior.

---

228. É certo que o Supremo Tribunal Federal, no julgamento do RE 636.941-RS (Rel. Min. Luiz Fux, DJe 03.04.2014), decidiu, com repercussão geral, que a Carta Magna somente exige lei complementar para a definição dos limites objetivos (materiais) das imunidades tributárias, pelo que os limites subjetivos (formais), vale dizer, concernentes à constituição e ao funcionamento das entidades imunes, podem ser veiculados por meio de lei ordinária de cada entidade tributante.
Como quer que seja, porém, isso há de ser feito com extrema cautela, para que não aconteça de a lei ordinária, a pretexto de fixar os requisitos para a constituição e o funcionamento das instituições de educação e de assistência social, sem fins lucrativos, vir a criar verdadeiras limitações materiais à imunidade tributária concedida pelo art. 150, VI, c, da Constituição Federal, o que, por óbvio, implicaria invasão da competência reservada à lei complementar, pelo art. 146, II, do mesmo Diploma Magno.

Cuidemos, agora, da noção de "*instituição de educação, sem fins lucrativos*", ao lume dos arts. 23, V, 203, 209, 213 e 218, da Constituição Federal.

3.3 Noção de "instituição de educação, sem fins lucrativos", ao lume dos arts. 23, V, 203, 209, 213 e 218, da CF. Importantes conclusões a tirar

I- A República Federativa do Brasil garante a todas as pessoas igualdade de acesso à educação, de modo a democratizá-la. Para que esse objetivo seja alcançado, o ensino, em nosso País, deve preferencialmente ser público, como claramente indica o art. 213, da Carta Magna, ao determinar que "*os recursos públicos serão destinados às escolas públicas*".

No entanto, curvando-se à triste realidade nacional, nossa Constituição permite que o ensino seja também proporcionado por instituições privadas.[229] Com efeito, seu art. 209 textualmente estipula ser o ensino "*livre à iniciativa privada*", bastando que ela cumpra as "*normas gerais da educação nacional*" (inc. I) e tenha "*autorização e avaliação de qualidade pelo Poder Público*" (inc. II).

Pois bem. Para favorecer a essa cooperação com o Estado, auxiliando-o a promover o desenvolvimento das pessoas, dando-lhes os meios sociais e intelectuais necessários ao exercício da cidadania, é que, como já vimos, o art. 150, VI, *c*, da Constituição Federal, estabelece serem imunes a impostos "*as instituições de educação, sem fins lucrativos, atendidos os requisitos de lei*".

II- Impende acentuar que a educação de que aqui se cogita, longe de circunscrever-se à convencional transmissão

229. Curvando-se à triste realidade nacional, marcada pela incúria, pela corrupção e pela incompetência generalizadas, o mesmo dispositivo permite que, observados certos requisitos, tais recursos sejam "*dirigidos a escolas comunitárias, confessionais ou filantrópicas, definidas em lei*".

de conhecimentos, mediante aulas expositivas, inclusive em cursos de pós-graduação (*stricto* e *lato sensu*), abrange toda e qualquer forma de acesso à cultura e à ciência, como, de resto, literalmente estipula o art. 23, V, da Constituição Federal.[230]

Ademais – agora em obediência às diretrizes contidas no art. 110, do *CTN*[231]–, o conceito de "*educação*" deve coincidir com o explicitado no art. 1º, da Lei nº 9.394/1996, que estabelece as Diretrizes e Bases da Educação Nacional; *verbis*:

> Art. 1º. A educação abrange os processos formativos que se desenvolvem na vida familiar, na convivência humana, no trabalho, nas instituições de ensino e pesquisa, nos movimentos sociais e organizações da sociedade civil e nas manifestações culturais.

IIa- Seguindo nesta trajetória, a mesma lei aponta, em seu art. 43, os objetivos da educação superior; *verbis*:

> Art. 43. A educação superior tem por finalidade:
>
> I - estimular a criação cultural e o desenvolvimento do espírito científico e do pensamento reflexivo;
>
> II - formar diplomados nas diferentes áreas de conhecimento, aptos para a inserção em setores profissionais e para a participação no desenvolvimento da sociedade brasileira, e colaborar na sua formação contínua;
>
> III - incentivar o trabalho de pesquisa e investigação científica, visando o desenvolvimento da ciência e da tecnologia e da criação e difusão da cultura, e, desse modo, desenvolver o entendimento do homem e do meio em que vive;

---

230. Constituição Federal – "*Art. 23. É competência comum da União, dos Estados, do Distrito Federal e dos Municípios: (...) V-* proporcionar os meios de acesso à cultura, à educação, à ciência, à tecnologia, à pesquisa e à inovação; (...)". (Redação dada pela Emenda Constitucional nº 85, de 2015) Evidentemente, "*proporcionar os meios*" tem o sentido de envidar esforços, para que todos compartilhem do conhecimento e das benesses inerentes à cultura, à educação e à ciência.

231. Código Tributário Nacional – "*Art. 110. A lei tributária não pode alterar a definição, o conteúdo e o alcance de institutos, conceitos e formas de direito privado, utilizados, expressa ou implicitamente, pela Constituição Federal, pelas Constituições dos Estados, ou pelas Leis Orgânicas do Distrito Federal ou dos Municípios, para definir ou limitar competências tributárias*".

> IV - promover a divulgação de conhecimentos culturais, científicos e técnicos que constituem patrimônio da humanidade e comunicar o saber através do ensino, de publicações ou de outras formas de comunicação;
>
> V - suscitar o desejo permanente de aperfeiçoamento cultural e profissional e possibilitar a correspondente concretização, integrando os conhecimentos que vão sendo adquiridos numa estrutura intelectual sistematizadora do conhecimento de cada geração;
>
> VI - estimular o conhecimento dos problemas do mundo presente, em particular os nacionais e regionais, prestar serviços especializados à comunidade e estabelecer com esta uma relação de reciprocidade;
>
> VII - promover a extensão, aberta à participação da população, visando à difusão das conquistas e benefícios resultantes da criação cultural e da pesquisa científica e tecnológica geradas na instituição.
>
> VIII - atuar em favor da universalização e do aprimoramento da educação básica, mediante a formação e a capacitação de profissionais, a realização de pesquisas pedagógicas e o desenvolvimento de atividades de extensão que aproximem os níveis escolares.

IIb- Ao lume dos supracitados atos normativos, nenhuma dúvida remanesce, pois, no sentido de que devem ser consideradas *instituições de educação* todas as que se dedicam à cultura *lato sensu* (um laboratório, um museu, uma academia de artes, um ginásio de esportes, uma escola de idiomas[232] etc.). É o que, aliás, ensina Aliomar Baleeiro; *verbis*:

> Instituição de educação não significa apenas a de caráter estritamente didático, mas toda aquela que aproveita à cultura em

232. O Supremo Tribunal Federal já decidiu que o ensino de línguas estrangeiras tipifica atividade educacional. Confira-se: "*CONSTITUCIONAL. IMUNIDADE TRIBUTÁRIA. INSTITUIÇÃO DE ENSINO. ENSINO DE LINGUA ESTRANGEIRA (INGLÊS). CARACTERIZAÇÃO. PROCESSUAL CIVIL. AGRAVO REGIMENTAL. 1. O ensino de línguas estrangeiras caracteriza-se como atividade educacional para aplicação da imunidade tributária (art. 150, VI, c da Constituição). 2. A distinção relevante para fins de aplicação da imunidade tributária é o conceito de 'atividade assistencial', isto é, a intensidade e a abrangência da prestação gratuita ou altamente subsidiada do ensino da língua inglesa a quem necessitar. Agravo regimental ao qual se nega provimento*" (RMS 24283 AgR-segundo/ DF. Relator: Min. Joaquim Barbosa. Supremo Tribunal Federal, Segunda Turma, j. em 21/09/2010).

> geral, como laboratório, instituto, centro de pesquisas, o museu, o atelier de pintura ou escultura, o ginásio de desportos, as academias de letras, artes e ciências. O importante é que seja realmente "instituição" acima e fora de espírito de lucro, e não simples "empresa" econômica, sob o rótulo educacional ou de assistência social.[233]

Cremos que esta linha de pensamento é a melhor, por rimar com o cunho eminente social da nossa Carta Magna.

IIc- Vai daí que a educação, de fora a parte as atividades acadêmicas propriamente ditas (educação formal), compreende a pesquisa, a cultura e outros assuntos voltados ao desenvolvimento integral da pessoa humana.

É o que fazem as instituições educacionais, sem fins lucrativos, que fomentam a ciência e a tecnologia, na esteira, diga-se de passagem, do art. 218, do Diploma Magno[234] e, com isso, realizam, especialmente em favor dos jovens, "*a promoção da integração ao mercado de trabalho*" (art. 203, III, da *CF*).

---

233. *Limitações...*, p. 506.

234. Constituição Federal – "*Art. 218. O Estado promoverá e incentivará o desenvolvimento científico, a pesquisa e a capacitação tecnológicas. § 1º. A pesquisa científica básica e tecnológica receberá tratamento prioritário do Estado, tendo em vista o bem público e o progresso da ciência, tecnologia e inovação. (Redação dada pela Emenda Constitucional nº 85, de 2015). § 2º. A pesquisa tecnológica voltar-se-á preponderantemente para a solução dos problemas brasileiros e para o desenvolvimento do sistema produtivo nacional e regional. § 3º.* O Estado apoiará a formação de recursos humanos nas áreas de ciência, pesquisa, tecnologia e inovação, inclusive por meio do apoio às atividades de extensão tecnológica, e concederá aos que delas se ocupem meios e condições especiais de trabalho. (Redação dada pela Emenda Constitucional nº 85, de 2015) *§ 4º. A lei apoiará e estimulará as empresas que invistam em pesquisa, criação de tecnologia adequada ao País, formação e aperfeiçoamento de seus recursos humanos e que pratiquem sistemas de remuneração que assegurem ao empregado, desvinculada do salário, participação nos ganhos econômicos resultantes da produtividade de seu trabalho. § 5º. É facultado aos Estados e ao Distrito Federal vincular parcela de sua receita orçamentária a entidades públicas de fomento ao ensino e à pesquisa científica e tecnológica".* § 6º. *O Estado, na execução das atividades previstas no caput, estimulará a articulação entre entes, tanto públicos quanto privados, nas diversas esferas de governo. (Incluído pela Emenda Constitucional nº 85, de 2015)* § 7º. *O Estado promoverá e incentivará a atuação no exterior das instituições públicas de ciência, tecnologia e inovação, com vistas à execução das atividades previstas no caput. (Incluído pela Emenda Constitucional nº 85, de 2015).*

III- Tudo converge, portanto, no sentido de que a educação, por contribuir para dar efetividade, em toda a latitude, ao princípio da dignidade da pessoa humana, compreende a assistência social.

De fato, como as finalidades perseguidas pelas instituições de educação, sem fins lucrativos, revestem-se, indubitavelmente, de elevados objetivos de ordem pública, tais pessoas equiparam-se[235] às entidades beneficentes de assistência social. Afinal, suas metas fundamentais vêm ao encontro de relevantes diretrizes e programas eleitos, pela Constituição Federal, no vasto campo da assistência social, que vai além do que literalmente dispõe o art. 203, deste diploma normativo.[236]

Noutras palavras, as instituições de educação, sem fins lucrativos, podem ser havidas também como entidades beneficentes de assistência social, sendo, destarte, igualmente alcançadas pela regra imunizante contida no art. 195, § 7º, da Constituição Federal.

---

235. *Equiparação* (do latim *æquiparare*, igualar) é o artifício usado pelo legislador para colocar em posição de igualdade situações que, posto aparentemente desiguais, apresentam significativos pontos de identificação. Trata-se, como se vê, de um recurso que busca equalizar, sob a óptica do Direito, coisas que não coincidem perfeitamente, mas têm acentuadas e inequívocas semelhanças. Nesse sentido, a equiparação iguala coisas ligeiramente diversas, embora, em sua essência, não discrepem entre si.
Portanto, na equiparação declara-se a igualdade preexistente entre dois seres (coisas, objetos), mediante a desconsideração de desigualdades secundárias. O fenômeno tem por principal consequência submeter a situação equiparada ao mesmo regime jurídico aplicável àquela que a ordem jurídica declarou igual.

236. No mesmo sentido, o voto do Min. Moreira Alves, proferido no julgamento da medida liminar na ADIn nº 2.028-5; *verbis*: "*Do exame sistemático da Constituição, verifica-se que a Seção relativa à Assistência Social não é exauriente do que se deve entender como Assistência Social, pois, além de se não se referir a carentes em geral, mas apenas a família, crianças, adolescentes, velhos e portadores de deficiência sem sequer exigir de todos esses que sejam carentes, preceitua, em seu art. 203, que ela se fará independentemente de contribuição à seguridade social, a indicar que será gratuita, o que só se compatibilizará com o disposto no parágrafo único do artigo 149 (...), se se entender que, para a Constituição, o conceito de assistência social é mais amplo, não só do doutrinário, mas também do adotado pelo art. 203, para a disciplina prevista nele e no dispositivo que se lhe segue*" (j. em 11.11.1999).

IV- Portanto, é de nossa convicção que, para os fins do art. 195, § 7º, da Constituição Federal, as instituições de educação, sem fins lucrativos, são equiparáveis às instituições beneficentes de assistência social. À mesma conclusão chegou o Min. Moreira Alves, ao declarar, no voto que expendeu no julgamento do pedido de liminar na ADIn nº 2.028-5, que "*esta Corte (o STF) tem entendido que a entidade beneficente de assistência social, a que alude o § 7º do artigo 195 da Constituição, abarca a entidade beneficente de assistência educacional*".[237]

Não bastasse isso, como, nos termos do já citado art. 203, da Constituição Federal, a assistência social abrange *(i)* a proteção e o amparo à família, à maternidade, à infância, à adolescência e à velhice, máxime quando estas medidas favorecem aos economicamente mais vulneráveis e, *(ii)* a habilitação e reabilitação das pessoas portadoras de deficiência física, bem como, a promoção da educação e da integração ao mercado de trabalho, ela (a assistência social) tem um sentido sobremodo amplo, que abarca as medidas desenvolvidas pelas *instituições de educação, sem fins lucrativos*, as quais, já demonstramos, estão voltadas à redução – quando não a eliminação – de desigualdades, carências e injustiças.

Em suma, as finalidades perseguidas pelas *instituições de educação, sem fins lucrativos* revestem-se de elevados objetivos de ordem pública, podendo, nesse sentido, também ser qualificadas como *entidades beneficentes de assistência social.*

Assentada mais esta premissa, vejamos qual o significado e o alcance da norma imunizante contida no art. 195, § 7º, da Constituição Federal.

237. Esclarecemos no parêntese.

ESQUEMAS-RESUMO – CAPÍTULO 3

I. Entidades privadas colaborando com o Poder Público: imunidade

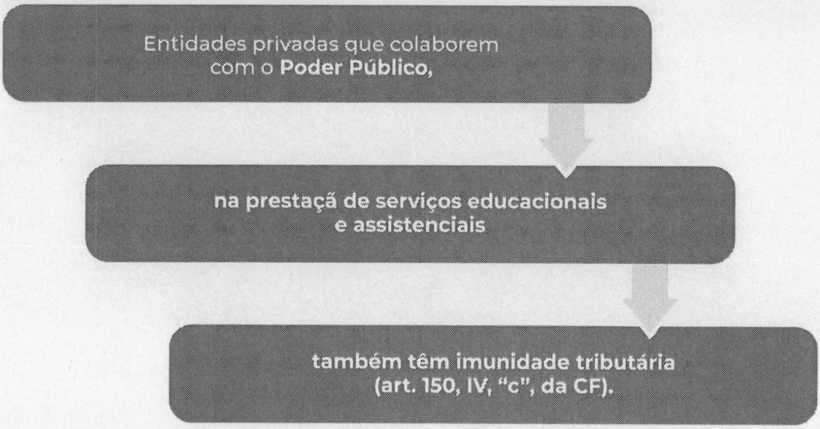

II. Requisitos para que as instituições de educação e assistenciais tenham a imunidade tributária

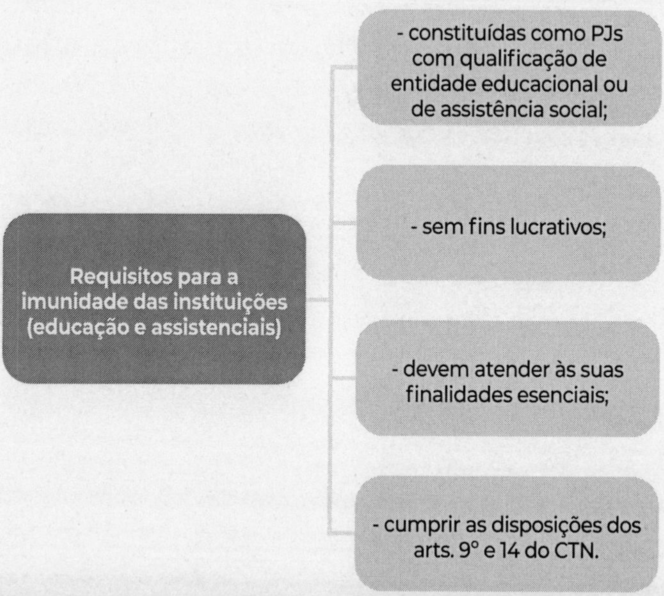

III. Fundamentação jurídica da imunidade tributária para instituições de educação

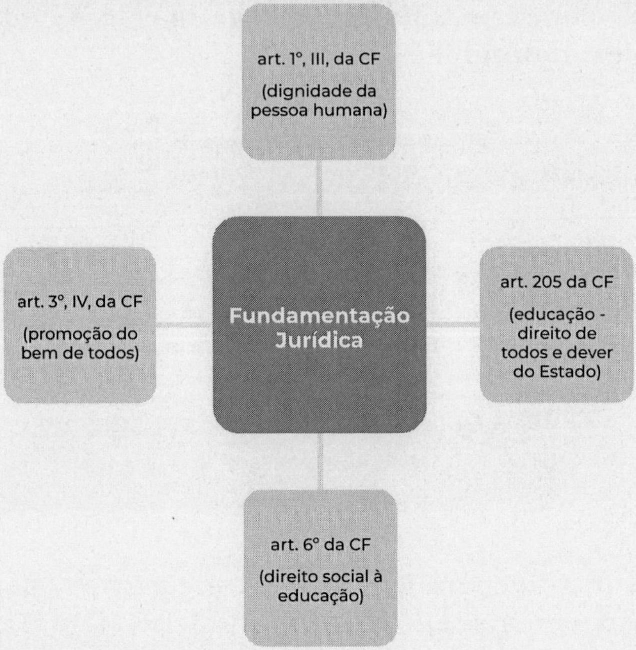

IV. Entidades com superávit: imunidade tributária viável (art. 14 do CTN)

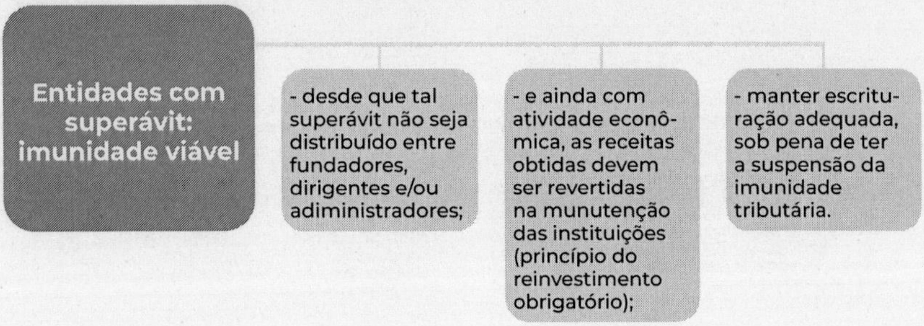

4

A IMUNIDADE CONTEMPLADA NO ART. 195, § 7º, DA CF

I- Estabelece o art. 195, § 7º, da CF, serem "*isentas de contribuição para a seguridade social as entidades beneficentes de assistência social que atendam às exigências estabelecidas em lei*".

Registramos, de logo, que, neste contexto, a palavra "*isentas*" está empregada no sentido de "*imunes*". É que se está diante de uma desoneração constitucional tributária, ou seja, de uma *imunidade*. Trata-se de uma atecnia do legislador constituinte, que os operadores do direito já corrigiram.

Temos, portanto, que são **imunes** à tributação por meio de *contribuição para a seguridade social* as "*entidades beneficentes de assistência social, que atendam às exigências estabelecidas em lei*".

Esta inteligência, de resto, foi abonada pelo Ministro Celso de Mello, do Supremo Tribunal Federal; *verbis*:

> A cláusula inscrita no art. 195, § 7º, da Carta Política – não obstante referir-se impropriamente à isenção de contribuição para a seguridade social – contemplou as entidades beneficentes de assistência social com o favor constitucional da

> imunidade tributária, desde que por elas preenchidos os requisitos fixados em lei.[238]

Como vemos, o próprio Pretório Excelso já tem por assente que o art. 195, § 7º, da Constituição Federal regula situação de imunidade tributária.

II- Também é importante destacar que **as expressões** "*instituições de educação sem fins lucrativos*" **e** "*entidades beneficentes de assistência social*" – contidas, respectivamente, no art. 150, VI, *c* **e** no art. 195, § 7º, da Constituição Federal – **seguem a mesma trilha,** já que, com ligeiro alcance mais amplo da última, ambas se referem às pessoas jurídicas de direito privado que, sem espírito de ganho, desempenham atividades voltadas à concretização do princípio da dignidade da pessoa humana e dos valores presentes ao longo de toda a Carta Magna, máxime em seus arts. 3º, IV, 6º, 196 **e** 203.

Realmente, enquanto o art. 150, VI, *c*, da Constituição Federal, ao aludir às instituições de assistência social, faz menção ao "*patrimônio, renda ou serviços*", o art. 195, § 7º, do mesmo Diploma, silencia a respeito, o que *de per se* indica que a imunidade das entidades beneficentes de assistência social tem uma abrangência maior.

De qualquer modo, repisamos que são *imunes* "*de contribuição para a seguridade social as entidades beneficentes de assistência social que atendam às exigências estabelecidas em lei*".

III- Não resta dúvida de que a imunidade em foco visa a favorecer as entidades que, seguindo os mesmos rumos do Estado, prestam desinteressadamente assistência social às pessoas. Para tanto, foi-lhes assegurado, pela própria Constituição, que não sofreriam a incidência de contribuições para a seguridade social.

---

238. 1ª Turma, *ROMS* 22.192-9, j. 28.11.1995, *DJU* 19.12.1996, p. 51.802.

Estas pessoas jurídicas, cerrando fileiras ao lado do Estado, colaboram, sem intenções subalternas – muito menos precipuamente financeiras – para o aperfeiçoamento da sociedade.

IIIa- Isso vem confirmado pelo art. 204, I, *in fine*, da Constituição Federal, que expressamente prevê que a assistência social, coordenada pelo Poder Público, venha **também** executada por *"entidades beneficentes e de assistência social"*.[239] O Poder Público – de quem são exigidas ações que demandam aportes financeiros mais expressivos (p. ex., para atender ao disposto no art. 203, V, da *CF*) – é financiado pelas contribuições de seguridade social. Já, às entidades beneficentes de assistência social, sem fins lucrativos, é assegurado, pela ordem jurídica, o direito de não terem expropriados seus recursos, por meio destes tributos.

IIIb- Além de tudo, na medida em que o art. 194, da Constituição Federal, estabelece que também a sociedade pode consorciar-se aos Poderes Públicos, com eles colaborando, sem intuito econômico, para a seguridade social,[240] seria um rematado contrassenso retirar recursos das entidades beneficentes de assistência social, que nelas integralmente os investem. Deste modo, a imunidade de que tais pessoas jurídicas gozam, explica-se por si só.

IIIc- Aliás, o próprio art. 195, § 7º, da Carta Magna, ao conceder imunidade às entidades beneficentes de assistência social, deixa implícito que elas só podem ser pessoas jurídicas

239. Constituição Federal – "*Art. 204. As ações governamentais na área da assistência social serão realizadas com recursos do orçamento da seguridade social, previstos no art. 195, além de outras fontes, e organizadas com base nas seguintes diretrizes: I- descentralização político-administrativa, cabendo a coordenação e as normas gerais à esfera federal e a coordenação e a execução dos respectivos programas às esferas estadual e municipal, **bem como a entidades beneficentes e de assistência social;***" (grifamos).

240. Constituição Federal – "*Art. 194. A seguridade social compreende um conjunto integrado de ações de iniciativa dos Poderes Públicos **e da sociedade**, destinadas a assegurar os direitos relativos à saúde, à previdência e à assistência social*" (grifamos).

de direito privado.[241] Com efeito, a União jamais poderia autotributar-se por meio de contribuições para a seguridade social.

IV- Oportuno asseverar, nesse passo, que a imunidade em questão alcança **todas** as contribuições para a seguridade social e não, apenas, as "*contribuições previdenciárias*".[242] Vale, portanto, para a *COFINS* (contribuição para o custeio da seguridade social), a contribuição para o *PIS/PASEP*, a *CSLL* (contribuição social sobre o lucro líquido), as contribuições a que aludem os arts. 22 e 23, da Lei nº 8.212/1991 etc.

IVa- Não colhe a eventual objeção de que, no texto constitucional, está simplesmente escrito "*contribuição para a seguridade social*" e, portanto, o emprego desta expressão no plural, é pura especulação dos interessados em ampliar o alcance da imunidade em tela. Tal entendimento não se sustenta, em face da interpretação sistemática dos dispositivos acima citados e do próprio *preâmbulo* da Carta Suprema.

Irreprocháveis, a respeito, as ponderações de Heleno Taveira Torres; *verbis*:

> Toda e qualquer interpretação da norma de imunidade deve ir além da simples paráfrase do Direito posto. A realização de justiça exige as garantias de isonomia e de segurança, mas não só. Exige que o ato de aplicação reconheça os valores fixados pela sociedade no ordenamento jurídico e os garanta com efetividade.[243]

Observe-se, ademais, que a assistência social, financiada pelas contribuições para a seguridade social, ao ser

---

241. A nosso ver, o vocábulo "*entidade*" não alude a nenhum particular tipo de ente jurídico, mas, pelo contrário, tem a ver, apenas, com a *função* e os *fins* que a pessoa exerce e busca. Deste modo, pode revestir a natureza jurídica de fundação, associação, serviço social autônomo, e assim por diante.

242. Nessa linha, o STF, ao julgar o RE 636.941-RS, ao qual foi dada repercussão geral (com eficácia *erga omnes* e *ex tunc*), decidiu, por unanimidade, que as entidades filantrópicas são imunes à contribuição para o PIS.

243. *"Imunidade Tributária e Tributos 'Indiretos'"*, *in Estudos de Direito Tributário em homenagem ao Professor Roque Antonio Carrazza*, vol. I, Malheiros Editores, São Paulo, 2014, p. 252.

concretizada por entidades beneficentes sem fins lucrativos, diminui o custo a ser suportado pelo Estado, sendo natural, pois, a ampliação exegética da desoneração fiscal em tela, como forma de compartilhamento de despesas.

Logo, as entidades beneficentes de assistência social são imunes a todas as contribuições para a seguridade social, bastando, para tanto, "*que atendam às exigências estabelecidas em lei*", conforme estipula o art. 195, § 7º, *in fine*, da Constituição Federal.

V- Consignamos, a respeito, que as exigências estabelecidas em lei são as indicadas no já estudado art. 14, do *CTN*.[244] Portanto, as entidades beneficentes, para terem jus à imunidade em questão, não devem distribuir seu patrimônio ou renda, precisam aplicar integralmente no País seus rendimentos, e carecem de manter, em livros próprios, a escrituração adequada de suas receitas e despesas.

Estes preceitos dilucidam os requisitos, postos na Constituição, para que as entidades beneficentes de assistência social usufruam da imunidade tributária em estudo: ausência de fins lucrativos e consecução de suas finalidades essenciais.

VI- Um ponto, porém, é incontroverso: os atos normativos infralegais não podem enovelar o assunto, como lamentavelmente fazia o Decreto nº 8.242, de 23.5.2014, que, a pretexto de regulamentar a Lei nº 12.101/2009, dispunha, "*inovando*", acerca do processo de *certificação* das entidades beneficentes de assistência social, que sem tal documento "*perderiam*" o direito à imunidade contemplada no art. 195, § 7º, da Constituição Federal. O mesmo fazia o art. 39 do Decreto nº 8.242/2014, que "*exigia*", para a obtenção ou renovação do *certificado*, o cumprimento de requisitos não contemplados sequer na Lei nº 12.101/2009.

VII- Por fim, a Lei Complementar nº 187, de 16.12.2021, dispôs sobre a certificação das entidades beneficentes e regulou

---

244. *V., supra, subitem 4.2.*

os procedimentos referentes à imunidade de contribuições à seguridade social, de que trata o § 7º, do art. 195, da Constituição Federal, ao mesmo tempo em que, em relação a elas, alterou o *CTN* e a Lei nº 9.532/1997, e revogou a Lei nº 12.101/2009 e dispositivos das Leis nºs. 11.096/2005 e 12.249/2010.

Esse ato normativo, porém, também veiculou uma série de restrições para a fruição da imunidade de que trata o art. 195, § 7º, da Constituição Federal, que, caso aceitas, praticamente a anulam.

VIII- De fato, a pretexto de afastar a imunidade em tela das *falsas entidades beneficentes de assistência social* (instituições *de fachada*, que visam apenas ao enriquecimento de seus fundadores e dirigentes), ela acabou, na realidade, por prejudicar – de modo inconstitucional, frise-se – as verdadeiras.

Apenas para realçar a afirmação, pontuamos que este ato normativo alterou substancialmente as condições para o desfrute do favor constitucional. E, como se isso não bastasse, modificou o próprio conceito de entidade beneficente de assistência social, sobrepondo-se, deste modo, à Carta Magna.

Nesse particular, jamais se deve perder de vista que a expressão "*entidade beneficente de assistência social*" tem uma *significação de base*, contida no Diploma Supremo, que normas infraconstitucionais – ainda que veiculadas por meio de lei complementar – não podem esvaziar.

VIIIa- A título de exemplo, a Lei Complementar nº 187/2021 "*exige*" que, para ter jus à imunidade em tela, a entidade beneficente de assistência social, que presta serviços ao *SUS*, seja certificada pela aplicação de sua receita em gratuidade, na área de saúde. Para tanto, deve cumprir os requisitos apontados no art. 9º desse ato normativo; *verbis*:

> Art. 9º. Para ser certificada pela prestação de serviços ao SUS, a entidade de saúde deverá, nos termos de regulamento:
>
> I - celebrar contrato, convênio ou instrumento congênere com o gestor do SUS; e

> II - comprovar, anualmente, a prestação de seus serviços ao SUS no percentual mínimo de 60% (sessenta por cento), com base nas internações e nos atendimentos ambulatoriais realizados.
>
> § 1º. A prestação de serviços ao SUS de que trata o inciso II do *caput* deste artigo será apurada por cálculo percentual simples, com base no total de internações hospitalares, medidas por paciente por dia, incluídos usuários do SUS e não usuários do SUS, e no total de atendimentos ambulatoriais, medidos por número de atendimentos e procedimentos, de usuários do SUS e de não usuários do SUS, com a possibilidade da incorporação do componente ambulatorial do SUS, nos termos de regulamento.
>
> § 2º. O atendimento do percentual mínimo de que trata o inciso II do *caput* deste artigo poderá ser individualizado por estabelecimento ou pelo conjunto de estabelecimentos de saúde da pessoa jurídica, desde que não abranja outra entidade com personalidade jurídica própria que seja por ela mantida.
>
> § 3º. Para fins do disposto no § 2º deste artigo, no conjunto de estabelecimentos de saúde da pessoa jurídica, poderá ser incorporado estabelecimento vinculado em decorrência de contrato de gestão, no limite de 10% (dez por cento) dos seus serviços.
>
> § 4º. Para fins do disposto no inciso II do caput deste artigo, a entidade de saúde que aderir a programas e a estratégias prioritárias definidas pela autoridade executiva federal competente fará jus a índice percentual que será adicionado ao total de prestação de seus serviços ofertados ao SUS, observado o limite máximo de 10% (dez por cento).
>
> § 5º. A entidade de saúde que presta serviços exclusivamente na área ambulatorial deverá observar o disposto nos incisos I e II do *caput* deste artigo e comprovar, anualmente, a prestação dos serviços ao SUS no percentual mínimo de 60% (sessenta por cento)".

Ora, esses não são requisitos constitucionais para que uma pessoa jurídica seja havida por entidade beneficente de assistência social. Portanto, o precitado art. 9º deve ser declarado inconstitucional.

VIIIb- Ademais, o suprarreferido *certificado* não possui natureza constitutiva, mas meramente declaratória de condição preexistente, pelo quê, também por isso, sua expedição não é requisito essencial para o reconhecimento da imunidade em pauta.

Logo, as entidades beneficentes de assistência social, independentemente de terem ou não o *certificado*, continuam investidas do direito constitucional subjetivo de não recolher contribuições para a seguridade social. Basta, para tanto, que cumpram os requisitos pertinentes da Lei Complementar n. 187, de 16.12.2021, que são basicamente os mesmos apontados no art. 14 do CTN.

IX- Em remate, apontar os requisitos para que uma entidade beneficente de assistência social goze da imunidade prevista no art. 195, § 7º, da Constituição Federal, é matéria **sob reserva de lei complementar**. É claro que isso não significa que a lei ordinária está proibida de incidentalmente tratar do assunto, mas, ao fazê-lo (*v.g.*, criando obrigações acessórias), deve ter a cautela de somente ocupar os espaços jurídicos que constitucionalmente não lhe são vedados. Pode, deste modo, criar condições para melhor explicitar e ajustar a forma de bem cumprir o disposto no art. 14, do *CTN*, sem, porém, acrescentar-lhe requisitos novos, isto é, que não sejam mera decorrência dos ali já postos.

IXa- Conquanto não ignoremos que, tanto o Supremo Tribunal Federal, quanto o Superior Tribunal de Justiça já tenham firmado entendimento no sentido de que a lei ordinária pode veicular normas de constituição e de funcionamento das entidades imunes (aspectos formais ou subjetivos), permitimo-nos obtemperar que o art. 146, II, da Constituição Federal comete à lei complementar a tarefa de simplesmente "*regular as limitações constitucionais ao poder de tributar*". Como se vê, não distingue entre requisitos objetivos e subjetivos, de modo a permitir que estes últimos venham apontados em lei ordinária.

Cabente assinalar, por adequado, que tal distinção é fruto daquilo que Riccardo Guastini chama de "*argumento de dissociação*", que consiste em "*introduzir sub-repticiamente no discurso do legislador uma distinção que ele de fato não pensou, reduzindo, assim, o campo de aplicação*"[245] da norma jurídica.

245. *Le fonti del Diritto e l'interpretazione*, Milano, Dott. Giuffrè, 1993, p. 377 (traduzimos).

Sustentável, pois, que é matéria reservada à lei complementar a regulação de *todas* as limitações constitucionais ao poder de tributar, quer as materiais, quer as formais. Definitivamente, não cabe distinguir onde o constituinte não distinguiu, máxime quando o argumento de dissociação vem em desfavor de um direito fundamental do contribuinte.

Ademais, como observa Celso Ribeiro Bastos:

> (...) se ao legislador ordinário fosse outorgado o direito de estabelecer condições à imunidade constitucional, poderia inviabilizá-la 'pro domo sua'. Por essa razão, a lei complementar, que é lei nacional e de Federação, é a única capaz de impor limitações, de resto já plasmadas no art. 14 do Código Tributário Nacional.[246]

Logo, tudo o que for além dos aspectos meramente estruturais das entidades beneficentes de assistência social (*normas meramente reguladoras de sua constituição e funcionamento*) não é passível de regulação por meio de lei ordinária.[247]

ESQUEMAS-RESUMO: CAPÍTULO 4

I. Imunidade de todas as contribuições em prol das entidades beneficentes de assistência social

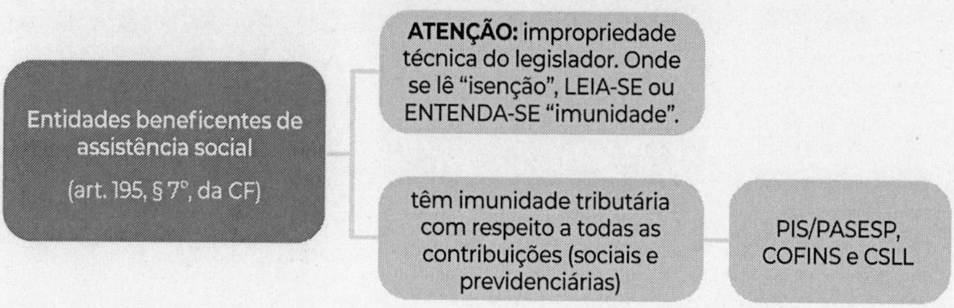

246. "*Imunidade Tributária*", *in Imunidades Tributárias*, coordenador Ives Gandra da Silva Martins, São Paulo, Revista dos Tribunais e Centro de Extensão Universitária, 1998, p. 246.

247. Esta ideia veio encampada pelo Min. Sepúlveda Pertence, ao relatar a medida cautelar na ADIn. nº 1.802-3/DF (Tribunal Pleno, votação unânime, D.J. 13.02.2004).

II. Críticas à LC nº 187/2021: criou certificação das entidades beneficentes

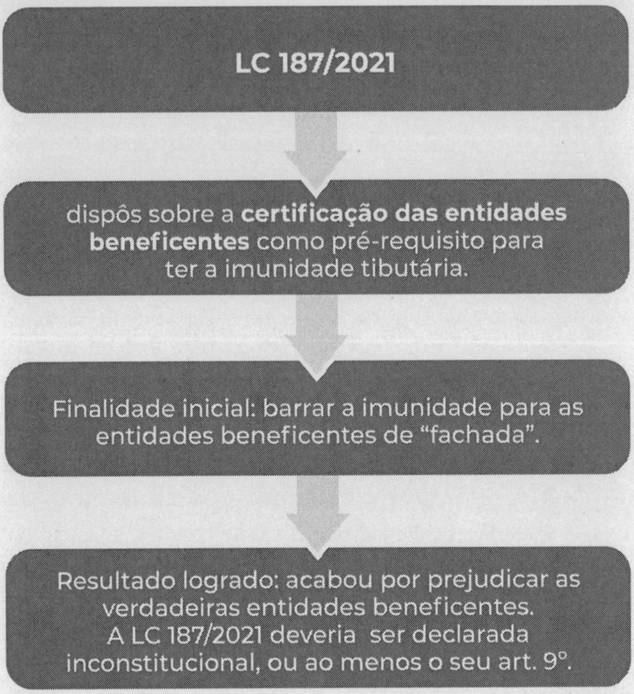

5

QUESTÕES CONEXAS

I- A versão de recursos públicos, nos termos do art. 213, da Constituição Federal, para entidades confessionais, comunitárias e filantrópicas, é assunto que não se confunde com a questão das imunidades tributárias das instituições educacionais e assistenciais, sem fins lucrativos, bem como, das entidades beneficentes de assistência social (que não recebem recursos públicos), que, desde que cumpram os requisitos do art. 14, do *CTN*, são imunes aos impostos e às contribuições sociais, como passamos a demonstrar.

II- Há quem sustente que, por força do que dispõem o art. 213, incisos I e II, e seus §§ 1º e 2º, da Constituição Federal,[248] apenas as escolas comunitárias, confessionais ou

---

248. Constituição Federal – "*Art. 213. Os recursos públicos serão destinados às escolas públicas, podendo ser dirigidos a escolas comunitárias, confessionais ou filantrópicas, definidas em lei que: I- comprovem a finalidade não lucrativa e apliquem seus excedentes financeiros em educação; II- assegurem a destinação de seu patrimônio a outra escola comunitária, filantrópica ou confessional, ou ao Poder Público, em caso de encerramento de suas finalidades.*
§ 1º. Os recursos de que trata este artigo poderão ser destinados a bolsas de estudo para o ensino fundamental e médio, na forma da lei, para os que demonstrarem insuficiência de recursos, quando houver falta de vagas e cursos regulares da rede pública na localidade da residência do educando, ficando o Poder Público obrigado a investir prioritariamente na expansão de sua rede na localidade.

filantrópicas, definidas em lei, são imunes aos impostos e às contribuições sociais. Nada menos exato, porém.

Em síntese, os referidos dispositivos estabelecem que, embora os recursos financeiros das pessoas políticas devam primacialmente ser carreados para as escolas públicas, podem, em caráter supletivo, endereçar-se às "*escolas comunitárias, confessionais ou filantrópicas, definidas em lei*", que, nos termos de seus estatutos, *(i)* não tenham fins lucrativos, *(ii)* apliquem suas sobras financeiras em educação **e**, em caso de encerramento de suas atividades, *(iii)* destinem seu patrimônio a escola congênere ou ao Poder Público.

A estes requisitos, a Lei de Diretrizes e Bases da Educação Nacional (Lei nº 9.394/1996) acrescentou, em seu art. 77, IV, um novo, qual seja, "*a prestação de contas ao Poder Público, dos recursos recebidos*". A exigência adicional, a nosso ver, passa pelo crivo da constitucionalidade, até porque vem ao encontro do magno *princípio republicano*,[249] que reclama prestação de contas das pessoas físicas ou jurídicas, públicas ou privadas, que recebam recursos públicos (cf. o art. 70, parágrafo único, da *CF*[250]).

A mesma Lei nº 9.394/1996, em seu art. 19, § 1º, III, com a redação dada pela Lei nº 13.868/2019, dispõe que as instituições de ensino privadas comunitárias poderão ser qualificadas

---

§ 2º. As atividades de pesquisa, de extensão e fomento à inovação realizadas por universidades e/ou por instituições de educação profissional e tecnol´poderão receber apoio financeiro do Poder Público".

249. O *princípio republicano*, vigente em nosso País (cf. o art. 1º, da *CF*), leva necessariamente, como ensina Aliomar Baleeiro, ao *princípio da destinação pública dos recursos públicos* (dinheiros públicos), o que obriga a todos os responsáveis por sua guarda, gestão ou dispêndio, a prestarem contas ao Tribunal de Contas competente ou a órgão administrativo que lhe faça as vezes.
Para maior aprofundamento do assunto, v. nosso *O Sujeito Ativo da Obrigação Tributária* (Editora Resenha Tributária, São Paulo, 1977, pp. 54 a 56).

250. Constituição Federal – "*Art. 70. (omissis) Parágrafo único. Prestará contas qualquer pessoa física ou jurídica, pública ou privada, que utilize, arrecade, guarde, gerencie ou administre dinheiros, bens e valores públicos ou pelos quais a União responda, ou que, em nome desta, assuma obrigações de natureza pecuniária*".

como confessionais, desde que "*atendidas a orientação confessional e a ideologia específicas*".[251]

III- Pois bem. As escolas comunitárias, confessionais e filantrópicas, justamente por se associarem, sem espírito de ganho, ao Estado, na consecução de valores consagrados em nosso ordenamento constitucional, podem receber recursos públicos, desde que comprovem que os aplicam de modo adequado.[252] Apenas elas – e não *(i)* todas as instituições educacionais e assistenciais, sem fins lucrativos, e *(ii)* todas as entidades beneficentes de assistência social – podem receber recursos públicos.

Até aqui, nada que objetar.

O que não é correto, segundo pensamos, é concluir – como fazem muitos, apoiados em regras infraconstitucionais –, que apenas as filantrópicas são imunes aos impostos e às contribuições sociais para a seguridade social. Tal posição colide frontalmente com o disposto nos arts. 150, VI, *c*, e 195, § 7º, da Constituição Federal.

De fato, estes dispositivos não exigem que a entidade tenha características filantrópicas, para desfrutar das imunidades tributárias neles contempladas; simplesmente demandam que ela seja *de educação* ou *de assistência social, sem fins lucrativos*, ou, ainda, beneficente de assistência social, e atenda aos requisitos apontados em lei complementar.

Então, vejamos.

---

251. Tramita, na Câmara Federal, o Projeto de Lei nº 6.124/2019, que pretende alterar o inciso III, e o § 1º, do art. 19, da Lei de Diretrizes e Bases da Educação Nacional, para definir as instituições comunitárias de ensino, como aquelas instituídas por grupos de pessoas físicas ou por uma ou mais pessoas jurídicas, inclusive cooperativas de qualquer escopo, sem fins lucrativos, podendo ser também religiosas.

252. Note-se que a simples alusão que o Constituinte Originário fez às escolas comunitárias, confessionais e filantrópicas já revela serem desejáveis, devendo, pois, enquanto se mantiverem fiéis às suas identidades, receber todo o amparo possível, inclusive da parte do Estado.

IV- Sabemos que as imunidades tributárias, por terem sede exclusivamente constitucional, não podem ser costeadas, ou mesmo manipuladas, pela legislação. Nelas, não há renúncia, mas, sim, desoneração fiscal. Demais disso, as regras que as veiculam pedem interpretação generosa, mormente quando estão em jogo direitos fundamentais das pessoas.

É o que se dá com as instituições educacionais e assistenciais, sem fins lucrativos, que, como não há negar, amparam a cultura, a ciência, as artes, a saúde, o bem-estar social, a dignidade da pessoa humana e assim avante.

Estas instituições suprem as incontestáveis deficiências do Estado, atuando, como já demonstramos, no amparo às pessoas, de modo a propiciar-lhes, em todas as fases da existência, uma vida digna de ser vivida.

Ora, na medida em que as instituições educacionais e assistenciais, sem fins lucrativos, e as entidades beneficentes de assistência social se consorciam ao Poder Público, para fazer-lhe as vezes, ressai, com hialina clareza, a *ratio essendi* das imunidades tributárias em foco, qual seja, a de não lhes retirar recursos, justamente para que melhor alcancem seus objetivos altruísticos. Acrescente-se que, estas entidades não contam com os aportes financeiros advindos das contribuições sociais, circunstância que mais e mais justifica as desonerações tributárias que, em contrapartida, a ordem jurídica lhes dá.

V- Por outro lado, as instituições educacionais e assistenciais, sem fins lucrativos, e as entidades beneficentes de assistência social caracterizam-se, não pela ausência de atividades econômicas e, deste modo, por deixarem de apresentar resultados positivos, mas por não os destinarem à distribuição de lucros. Já, as entidades filantrópicas – sem dúvida também voltadas à atividade social e, nessa medida, espécies de instituições educacionais e assistenciais, sem fins lucrativos –, agem de forma gratuita, calha referir, na base do voluntariado.

Ocorre, porém, que a gratuidade não é, como vimos e revimos, requisito necessário, para o reconhecimento das imunidades de que ora se cogita. As instituições educacionais e assistenciais, sem fins lucrativos, e as entidades beneficentes de assistência social podem, pois, cobrar dos que reúnem condições de pagar, para mais e melhor atender às pessoas carentes.

VI- Insistimos que, na Constituição Federal, as entidades filantrópicas receberam tratamento jurídico diferente do dispensado às instituições de educação e de assistência social, sem fins lucrativos, e às entidades beneficentes de assistência social, que atendem aos requisitos estabelecidos em lei.

A uma, porque os arts. 150, VI, *c* e 195, § 7º, da Constituição, não se referem às entidades filantrópicas. **A duas**, porque a mesma Constituição, em seu art. 213, I, permite a destinação de recursos públicos apenas a elas. E, **a três**, porque, sempre a Constituição, agora em seu art. 199, § 1º,[253] ao tratar da preferência à participação no *Sistema Único de Saúde* (*SUS*) alude a todas.

Conjugados, estes indicativos levam a conclusão de que as instituições assistenciais e educacionais, sem fins lucrativos, bem como, as entidades beneficentes de assistência social, não se confundem com as instituições filantrópicas, embora todas complementem, de modo economicamente desinteressado, o agir do Estado.

VII- Na realidade, as instituições de educação e de assistência social, sem fins lucrativos, e as entidades beneficentes de assistência social são o gênero, do qual as instituições filantrópicas são as espécies. Todas elas são tributariamente imunes, se cumprirem os requisitos do art. 14, do *CTN*, mas

---

253. Constituição Federal – "*Art. 199. A assistência à saúde é livre à iniciativa privada. § 1º. As instituições privadas poderão participar de forma complementar do sistema único de saúde, segundo diretrizes deste, mediante contrato de direito público ou convênio, tendo preferência* ***as entidades filantrópicas e as sem fins lucrativos***" (grifamos).

apenas as instituições filantrópicas podem receber dinheiros públicos ou, na dicção constitucional, "*apoio financeiro do Poder Público*", se preencherem requisitos adicionais apontados em leis ordinárias e obtiverem, com base nelas, *certificados*.

Tal circunstância, porém, não conduz à conclusão de que apenas as instituições filantrópicas gozam das imunidades dos arts. 150, VI, *c* e 195, § 7º, da Constituição Federal. Tampouco, que, para desfrutarem de tais desonerações, as instituições de educação e de assistência social, sem fins lucrativos, e as entidades beneficentes de assistência social precisam, também elas, cumprir os requisitos apontados na legislação ordinária, como o de prestar serviços totalmente gratuitos.[254]

VIII- É indiscutível que, mais até do que as instituições educacionais e assistenciais, sem fins lucrativos, e as entidades beneficentes de assistência social, as filantrópicas atuam, cooperando com Poder Público, em áreas sensíveis à comunidade (educação, saúde, cultura, amparo à maternidade etc.), e o fazem a título gratuito, vale dizer, sem desenvolver atividades econômicas próprias.

Entretanto, as instituições educacionais e assistenciais, sem fins lucrativos, e as entidades beneficentes de assistência social têm direito ao desfrute das imunidades em apreço, ainda que: *a)* se limitem a cumprir os requisitos apontados no art. 14, do *CTN*; e, *b)* busquem, no mundo negocial, os recursos necessários à sua mantença. As desonerações perduram, mesmo que tais receitas advenham de atividades impróprias da entidade (*v.g.*, de aluguéis); basta que revertam integralmente para o seu objeto social.

Esclarecemos que as receitas a serem totalmente aplicadas não são as *brutas*, mas as *líquidas*, vale dizer, as que remanescem depois de terem sido abatidos os gastos necessários à

254. Alguns destes requisitos, de tão absurdos, esvaziariam completamente as imunidades das instituições assistenciais e educacionais, sem fins lucrativos, caso fosse juridicamente necessário – não é – cumpri-los.

sua obtenção (gastos com propaganda, com serviços de terceiros, com salários de funcionários etc.).

IX- Remarcamos, pois, que as imunidades tributárias dos arts. 150, VI, *c* e 195, § 7º, da Constituição Federal, alcançam todo o gênero (as instituições de educação e de assistência social, sem fins lucrativos, e as entidades beneficentes de assistência social) e, não, apenas, a espécie *instituições filantrópicas*. Noutras palavras, não ser instituição filantrópica, não retira as imunidades das instituições de educação e de assistência social, sem fins lucrativos, e das entidades beneficentes de assistência social, que cumprem os requisitos apontados no art. 14, do *CTN*. Esta, segundo estamos convencidos, é a mais fiel intelecção dos referidos dispositivos constitucionais.

Pretender que apenas as instituições filantrópicas sejam imunes à tributação por meio de impostos e de contribuições para a seguridade social é mutilar o intuito constituinte, o que, por óbvio, nem o legislador, nem o aplicador, nem, muito menos, o intérprete, podem fazer. Pior: tal postura implica reconhecer, por meio de artifícios exegéticos, a existência de competências tributárias onde, a todas as luzes, a Constituição Federal traçou uma zona de desonerações (incompetências) exacionais.

IXa- Foi tal errôneo entendimento, aliás, que levou o hoje revogado art. 55, III, da Lei nº 8.212/1991 (com a redação dada pela Lei nº 9.732/1998), a estatuir: "*fica isenta* (*rectius*: imune) *a entidade de assistência social que promova gratuitamente e em caráter exclusivo, a assistência social beneficente a pessoas carentes, em especial a crianças, adolescentes, idosos e portadores de deficiência*".[255]

Ora, a gratuidade e a exclusividade não figuram nem na Constituição Federal, nem no art. 14, do *CTN*, no rol dos requisitos a serem cumpridos para o gozo das imunidades em comento. O que estes diplomas exigem é que as instituições

---

255. Esclarecemos no parêntese.

educacionais e assistenciais, sejam realmente *sem fins lucrativos*, e que as entidades de assistência social, sejam beneficentes, embora todas elas possam desenvolver atividades econômicas com finalidade benemérita, ou, se preferirmos, com ânimo, não de lucrar, mas de reinvestir.

IXb- Além disso, são justamente estas ausências de *gratuidade* e de *exclusividade*, desde que voltadas ao reinvestimento nas finalidades essenciais das instituições de educação e de assistência social, sem fins lucrativos, e das entidades beneficentes de assistência social, que levam ao melhoramento das condições de vida do povo brasileiro, sempre tão mal amparado pelo Estado. Impecável, pois, a objurgatória de Sacha Calmon Navarro Coêlho; *verbis*:

> Esta "gratuidade" pela qual tantos lutam é maléfica e contraproducente. Se as instituições particulares atuassem gratuitamente, a fundo perdido, logo se estiolariam em quantidade e qualidade. A filantropia é cara, e a caridade, pouca. A ideia de permitir o lucro de obrigar sua reinversão no "munus" educacional ou assistencial enquanto condição para o privilégio da imunidade é o verdadeiro motor do "instituto", tornando-o útil e eficaz.[256]

X- Logo, as imunidades tributárias determinadas pelos arts. 150, VI, *c* e 195, § 7º, da Constituição Federal, alcançam todas as instituições educacionais e assistenciais, sem fins lucrativos, mais as entidades beneficentes de assistência social, e não apenas as filantrópicas. Dito de outro modo, não se pode exigir caráter filantrópico das instituições educacionais e assistenciais, sem fins lucrativos, e das entidades beneficentes de assistência social, para reconhecer-lhes as desonerações tributárias em pauta.

Incontendivelmente, a versão de recursos públicos, nos termos do art. 213, da Constituição Federal, para entidades confessionais, comunitárias e filantrópicas, não ilide, tampouco prejudica, as imunidades tributárias a que têm direito as

256. *Curso...*, p. 310.

instituições educacionais e assistenciais, sem finalidade lucrativa, bem como as entidades beneficentes de assistência social, que preenchem os requisitos apontados no art. 14 do *CTN*.

ESQUEMA-RESUMO: CAPÍTULO 5

I. Quem pode receber recursos públicos (art. 213 da CF)

APENAS escolas comunitárias, confessionais e filantrópicas, **sem finalidade lucrativa**, podem receber recursos públicos.

- Vide art. 213 da CF.

O fato de tais entidades receberem recursos públicos não as afasta das imunidades tributárias.

- Em toda a temática abordada nesta obra, faz-se imprescindível o uso das interpretações teleológica e sistemática dos dispositivos.

6

OBSERVAÇÕES FINAIS

As linhas argumentativas acima desenvolvidas – fruto do estudo cuidadoso e aprofundado das questões que nos foram apresentadas – levam-nos a concluir que o agir das Igrejas e das instituições assistenciais e educacionais, sem fins lucrativos, por elas mantidas, deve, o quanto possível, ser apartado da tributação, quer por meio de impostos, quer de contribuições sociais.

Evidentemente, não somos adeptos das fraudes que levam à sonegação fiscal.

Daí preconizarmos a multiplicação e o aperfeiçoamento dos métodos investigativos das Fazendas Públicas, em ordem a proteger o Erário da ação nefanda dos espertalhões de toda sorte e, até, para evitar a multiplicação impune de falsas e oportunistas igrejas e de suas instituições assistenciais e educacionais "*de fachada*", ou seja, apenas nominalmente "*sem fins lucrativos*", que também as há.

Imprescindível, porém, que se atenda à determinação constituinte e se estenda, de modo efetivo, o manto da imunidade tributária sobre as verdadeiras Igrejas, que, diretamente ou por meio de suas instituições religiosas, cumprem a preceito o papel sobrenatural e humano, para o qual foram criadas.

Como agora é fácil notar, não escrevemos uma obra exaustiva; muito menos, sem defeitos. Trata-se, porém, de uma provocação para que outros estudos, mais atilados, apareçam sem demora.

7

CONCLUSÕES

Tudo posto e considerado, só nos resta responder objetivamente aos quesitos que nos foram formulados.[257] Para maior clareza, vamos reproduzi-los:

1º) As imunidades tributárias representam renúncia ao poder de tributar ou vedação a este poder?

Resposta: As imunidades tributárias representam vedação absoluta à tributação, vale dizer, encerram limitações, postas na Constituição Federal, à ação estatal de criar tributos, justamente porque atendem a interesses e valores fundamentais da sociedade. Não são meras renúncias, tampouco benesses, mas salvaguardas contra a ação estatal de exigir determinados tributos, pelo que demarcam negativamente o campo tributário das pessoas políticas.

Melhor explicitando:

I- A Constituição da República Federativa do Brasil outorgou, às pessoas políticas (União, Estados-membros, Municípios

257. Evidentemente, *assuntos correlatos* e a própria *fundamentação* das respostas encontram-se no corpo do livro.

e Distrito Federal), competências tributárias, vale dizer, aptidões jurídicas para instituir *in abstracto* tributos, descrevendo, legislativamente, suas *hipóteses de incidência*, seus *sujeitos ativos*, seus *sujeitos passivos*, suas *bases de cálculo* e suas *alíquotas*.

II- As pessoas políticas somente podem criar os tributos que lhes são afetos, se os acomodarem aos respectivos escaninhos constitucionais, construídos por meio de regras positivas (que autorizam tributar) e negativas (que traçam os limites materiais e formais da tributação).

III- Entre estas regras negativas figuram as que cuidam das *imunidades tributárias*, vale dizer, das proibições (“***incompetências***”) para que os entes políticos onerem com gravames fiscais certas pessoas, seja em função de suas naturezas jurídicas, seja porque coligadas a determinados fatos, bens ou situações.

IV- Diante de uma situação de imunidade tributária, a pessoa política só tem um caminho a seguir: o da abstenção. Melhor dizendo, não pode criar legislativamente o tributo, nem, tampouco, lançá-lo, valendo-se de artifícios hermenêuticos.

V- As normas imunizantes, por impedirem que as de tributação atuem, criam situações permanentes de não incidência, que, ao contrário do que se dá com as isenções tributárias, nem mesmo a lei pode anular.

VII- Por outro lado, as regras imunizantes, além de explicitarem formalmente a incompetência do legislador ordinário (ou, em alguns casos, complementar[258]) para instituir tributos (evidentemente nas situações abarcadas por seus preceitos), conferem, por via reflexa, às pessoas, o direito fundamental de defesa, vale dizer, de bater às portas do Judiciário, para que este Poder, uma vez constatada a violação, fulmine a inconstitucionalidade.

---

258. Demandam lei complementar, para serem validamente instituídos, os *empréstimos compulsórios* (cf. art. 148, da *CF*), os *impostos residuais* (cf. art. 154, I, da *CF*) e as *contribuições sociais* que criam novas fontes de custeio para a seguridade social (cf. art. 195, § 4º, da *CF*).

VIIa- Daí que as regras imunizantes têm *(i)* por *destinatários imediatos* os entes federativos, inibindo-lhes o exercício das competências tributárias, e *(ii)* por *destinatários mediatos*, as pessoas que elas indicam, que passam a ter o direito público subjetivo de não serem alvo de tributação, nas situações descritas no Diploma Maior.

VIII- Por isso tudo, a interpretação, vale dizer, a construção do sentido dos preceitos imunizantes, há de ser *ampla e generosa*, já que eles expressam a vontade do constituinte originário de preservar da tributação *valores* de particular significado político, social, religioso, econômico etc.

VIIIa- Noutros torneios, as normas constitucionais que tratam do assunto devem ser interpretadas sistemática e teleologicamente, e da forma mais ampla possível (interpretação extensiva), em sintonia, de resto, com a regra "*in dubio pro immunitatem*". Nenhum artifício poderá ser criado, pelo legislador, em ordem a costear a *voluntas constitutionis*, com seus princípios e postulados.

IX- Em suma, as imunidades tributárias: *a)* estão apontadas na Carta Magna e, nesta medida, não podem ser revogadas ou derrogadas por atos normativos de nível infraconstitucional; *b)* delimitam as competências das pessoas políticas para que criem *in abstracto* tributos; e, *c)* distinguem-se das isenções tributárias, que, tendo sede infraconstitucional, são passíveis de revogação ou derrogação, por meio de lei.

2º) Qual o conceito de *templos* para o gozo de imunidades tributárias?

Resposta: Numa primeira aproximação, deve-se entender por *templos*, não apenas os edifícios do culto, como todas as instalações, inclusive as a eles anexas, desde que correlacionadas às práticas religiosas. Em apertada síntese, a locução "*templos de qualquer culto*" tem o significado de *Igrejas*, em suas várias formas organizacionais.

É nesse sentido que o art. 150, VI, *b*, da Constituição Federal, declara imunes aos impostos os "*templos de qualquer culto*".

Melhor explicitando:

I- Esta imunidade representa a extensão do direito fundamental à *liberdade de consciência e de crença*, consagrado no art. 5º, incisos VI, VII e VIII, da Constituição Federal.

Ia- A *ratio essendi* destes dispositivos é garantir, a todas as pessoas, sua religiosidade e, mais do que isso, permitir que a divulguem e manifestem livremente.

Ib- Assim, qualquer medida, seja legislativa, seja administrativa, que, sem razão plausível, anule ou tolha a liberdade de culto, padecerá de inconstitucionalidade.

II- A imunidade tributária dos templos de qualquer culto reforça e salvaguarda o *princípio da liberdade religiosa*, pelo que deve ser interpretada com vistas largas.

IIa- Mais do que o templo propriamente dito, isto é, o local destinado a cerimônias religiosas, a imunidade tributária alcança a própria entidade mantenedora (a Igreja), além de estender-se a tudo o que se relacionar às liturgias.

IIb- Para que, como determina a Constituição Federal, a liberdade de culto venha adequadamente prestigiada, é imprescindível que a desoneração fiscal em tela se faça sentir sobre todas as situações relacionadas às práticas religiosas.

III- Nem se diga que, no texto constitucional, está escrito "*templos*" (edifício onde se pratica o culto religioso) – e, portanto, o que foge disso é pura especulação dos interessados em dilargar o campo da imunidade ora em análise.

IIIa- Tal entendimento não se sustenta, em face da interpretação sistemática do art. 150, VI, *b*, da Carta Suprema, e do seu próprio *preâmbulo*, que consagram a ideia de imunidade tributária da religião (conceito espiritual) e, não, apenas, do imóvel (conceito material) onde ela vem praticada.

IIIb- A própria palavra *templos* há de ser entendida com certa dose de liberalidade. Assim, são *templos*, para os fins do disposto no art. 150, VI, *b*, da Constituição Federal, não apenas os edifícios destinados à celebração pública dos ritos religiosos, isto é, os locais onde o culto de professa, mas, também, seus *anexos*, vale dizer, os imóveis que possibilitam ou, quanto pouco, facilitam a prática da religião. Afinal, os edifícios só se transformam em *templos* quando complementados com as instalações adequadas, necessárias ou vinculadas às atividades espirituais.

IV- A análise da Carta Constitucional como um todo facilmente revela que *culto*, no contexto da alínea *b*, do inciso VI, do art. 150, deste Diploma Magno, tem o sentido de *confissão religiosa*.

IVa- *Confissão religiosa* nada mais é do que uma entidade dotada de estrutura orgânica hierarquizada, instituída com o objetivo fundamental de agrupar, de modo permanente, pessoas que partilham das mesmas crenças transcendentais, vale dizer, que nutrem a mesma fé numa dada divindade.

IVb- Segue-se, do exposto, que, para que se reconheça a existência de uma confissão religiosa, é preciso sejam identificáveis, pelo menos, quatro requisitos; a saber: *a)* uma crença comum em um Ser Supremo e Transcendente; *b)* alguns atos de culto, disciplinando a relação dos fiéis, que devem existir em número significativo, com o Ser Supremo e Transcendente, em que creem; *c)* uma organização jurídica, por mínima que seja, indicando a designação da entidade, seu regime de funcionamento e seus órgãos representativos (ministério sacerdotal, pastoral ou hierárquico); e, *d)* certa estabilidade, isto é, vontade de perdurar no tempo.

IVc- A esses requisitos essenciais, costumam ser agregados outros, que, embora não obrigatórios, ajudam a reconhecer, quando presentes, a existência jurídica da confissão religiosa (um governo eclesiástico definido e distinto dos demais; um código formal de doutrina e disciplina; ministros selecionados, após haverem concluído estudos específicos; uma literatura própria; prestação de serviços religiosos com caráter regular; escolas para o ensino religioso aos jovens; e assim por diante).

3º) Se a lei complementar é que definirá os requisitos para o gozo das imunidades, por força dos arts. 146, I; 150, VI, *c*; e 195, § 7º, da Constituição Federal, poderão tais requisitos objetivos ser definidos por meio de lei ordinária?

Resposta: Não. Na medida em que a lei complementar é que definirá os requisitos para o gozo das imunidades tributárias (cf. arts. 146, I; 150, VI, *c*; e 195, § 7º, da *CF*), à lei ordinária é vedado fazê-lo.

Melhor explicitando:

I- A Constituição Federal determina, em seu art. 150, VI, *c*, *in fine*, que as instituições de educação e de assistência social, sem fins lucrativos, devem atender aos requisitos "*da lei*". O mesmo faz seu art. 195, § 7º, *in fine*, em relação às instituições beneficentes de assistência social.

II- A referida *lei* só pode ser *complementar* (nunca *ordinária*), justamente porque regula *imunidades tributárias*, que são, na dicção constitucional, "*limitações constitucionais ao poder de tributar*".

IIa- Ora, as limitações constitucionais ao poder de tributar, nos termos do art. 146, II, da Constituição Federal, só podem ser **reguladas** – jamais criadas – por meio de lei complementar.

IIb- Ao argumento de que a Carta Suprema não empregou, em seus arts. 150, VI, *c*, *in fine*, e 195, § 7º, *in fine*, a expressão "*lei complementar*", contrapõe-se o de que ela também não utilizou a expressão "*lei ordinária*"; antes, limitou-se a fazer uma referência genérica à *lei*, deixando aos doutrinadores a tarefa de dilucidar qual tipo de lei se trata; no caso, a lei complementar.

IIc- Em suma, a boa hermenêutica jurídica revela que tal lei **só pode ser** uma *lei complementar,* editada pelo Congresso Nacional (lei, pois, da Federação brasileira). E – convém que se frise – uma lei complementar que esgote o assunto, nada relegando, deste modo, à lei ordinária das pessoas políticas.

III- O que a Constituição exige, nas passagens em exame, é a uniformização de critérios, para o desfrute da imunidade em pauta, o que só uma lei complementar, de âmbito nacional (lei da Federação), pode fazer.

IIIa- Atenta contra o próprio *princípio federativo* imaginar que qualquer legislador ordinário possa criar, a seu talante, requisitos para o reconhecimento da imunidade em questão.

IV- A lei complementar deve, no caso, cuidar apenas de *aspectos formais*, isto é, apontar medidas aptas a assegurar a eficácia dos mandamentos constitucionais em foco.

IVa- O próprio constituinte já indicou o *aspecto material* para o desfrute da imunidade: a ausência de fins lucrativos; absolutamente não atribuiu, ao legislador complementar, competência para abrir ou fechar as portas da tributação das instituições de educação e de assistência social, sem fins lucrativos, e das entidades beneficentes de assistência social; apenas permitiu que venha a *detalhar* os requisitos e limites pertinentes e adequados à fruição da desoneração em tela.

V- Também é interdito à lei complementar alterar os conceitos, constitucionalmente postos, de *instituição de educação e de assistência social, sem fins lucrativos*, bem como, de entidade beneficente de assistência social; não lhe é dado, igualmente, criar requisitos esdrúxulos para a fruição da limitação tributária em tela, fragilizando, assim, as determinações do constituinte.

Va- À lei complementar é reservado, no caso, apenas, o *propósito de explicitação*, afastando incertezas quanto ao alcance de tais desonerações.

VI- O art. 14, do Código Tributário Nacional, trata da matéria;[259] é ele, pois, que dá plena execução ao disposto nos arts. 150, VI, *c*, *in fine*, e 195, § 7º, *in fine*, da Constituição Federal.

VII- Qualquer lei ordinária que venha a disciplinar o assunto terá, na melhor das hipóteses, caráter exclusivamente declaratório. Se repetir a Constituição e a lei complementar pertinente, será inócua; se as restringir, inconstitucional.

VIIa- Quando muito, é dado à lei ordinária – desde que não restrinja o alcance da imunidade – regular a constituição e o funcionamento (*limites formais*) das entidades imunes; jamais fixar os parâmetros (*limites objetivos*) da própria imunidade, que, apontados na Carta Magna, somente podem ser regulamentados por meio de lei complementar.

VIIb- Tudo o que for além dos aspectos meramente estruturais das entidades imunes (*normas meramente reguladoras de sua constituição e funcionamento*) não é passível de regulação por meio de lei ordinária.

VIII- Se a lei ordinária, nestes assuntos, está tolhida por tão formidáveis peias, por muito maior razão, os decretos, as portarias, as instruções normativas, os comunicados etc., que, dentro da *pirâmide jurídica*, ocupam posição a ela inferior.

---

259. O *CTN* (Lei nº 5.172, de 25.10.1966) foi votado como lei ordinária nacional, já que, à época, inexistia, em nosso ordenamento jurídico, a figura das leis formalmente complementares à Constituição. Este diploma, no entanto, foi recepcionado pela nova ordem constitucional, pelo que, embora formalmente continue a ser uma lei ordinária, materialmente é uma lei complementar, que atende aos ditames do art. 146, da atual Carta Suprema.

4º) A versão de recursos públicos, nos termos do art. 213, da Constituição Federal, para entidades confessionais, comunitárias e filantrópicas confunde-se com imunidades tributárias, onde não há qualquer versão de recursos públicos, na proibição de imposição tributária?

Resposta: Não. A versão de recursos públicos, nos termos do art. 213, da Constituição Federal, para entidades confessionais, comunitárias e filantrópicas é assunto que não se confunde com a questão das imunidades tributárias das instituições educacionais e assistenciais, sem fins lucrativos, bem como das entidades beneficentes de assistência social (que não recebem recursos públicos), as quais, desde que cumpram os requisitos do art. 14, do *CTN*, são imunes aos impostos e às contribuições sociais.

Melhor explicitando:

I- Há quem sustente (equivocadamente) que, por força do que dispõem o art. 213, incisos I e II, e seus §§ 1º e 2º, da Constituição Federal, apenas as escolas comunitárias, confessionais ou filantrópicas, definidas em lei, são imunes aos impostos e às contribuições sociais.

Ia- Os referidos dispositivos estabelecem que, embora os recursos financeiros das pessoas políticas devam primacialmente ser carreados para as escolas públicas, podem, em caráter supletivo, endereçar-se às "*escolas comunitárias, confessionais ou filantrópicas, definidas em lei*", que, nos termos de seus estatutos, *(i)* não tenham fins lucrativos, *(ii)* apliquem suas sobras financeiras em educação **e**, em caso de encerramento de suas atividades, *(iii)* destinem seu patrimônio a escola congênere ou ao Poder Público.

Ib- A estes requisitos, a Lei de Diretrizes e Bases da Educação Nacional (Lei nº 9.394/1996) acrescentou, em seu art. 77, IV, um novo, qual seja, "*a prestação de contas ao Poder Público, dos recursos recebidos*".

II- As escolas comunitárias, confessionais e filantrópicas, justamente por se associarem, sem espírito de ganho, ao Estado, na consecução de valores consagrados em nosso ordenamento constitucional, podem receber recursos públicos, desde que comprovem que os aplicam de modo adequado. Apenas elas – não todas *(i)* as instituições educacionais e assistenciais, sem fins lucrativos, e *(ii)* as entidades beneficentes de assistência social – podem receber recursos públicos.

III- Todavia, não é correto concluir – como fazem muitos, apoiados em regras infraconstitucionais –, que apenas as filantrópicas sejam imunes aos impostos e às contribuições sociais para a seguridade social, pois tal posição colide frontalmente com o disposto nos arts. 150, VI, *c* e 195, § 7º, da Constituição Federal.

IIIa- Esses dispositivos não exigem que a entidade tenha características filantrópicas, para desfrutar das imunidades tributárias neles contempladas; simplesmente demandam que ela seja *de educação* ou *de assistência social, sem fins lucrativos*, ou, ainda, beneficente de assistência social, e atenda aos requisitos apontados em lei complementar.

IIIb- Tal entidade pode, perfeitamente, obter receitas, desde que as aplique na consecução de seus objetivos institucionais.

IIIc- Pode, igualmente, cobrar dos que reúnem condições de pagar, para mais e melhor atender às pessoas carentes.

IV- As entidades filantrópicas receberam, da Constituição Federal, tratamento jurídico diferente daquele que ela dispensou às instituições de educação e de assistência social, sem fins lucrativos, e às entidades beneficentes de assistência social, que atendem aos requisitos estabelecidos em lei.

IVa- **A uma**, porque os arts. 150, VI, *c* e 195, § 7º, da Constituição, não se referem às entidades filantrópicas.

IVb- **A duas**, porque a mesma Constituição, em seu art. 213, I, permite a destinação de recursos públicos apenas a elas.

IVc- E, **a três**, porque, sempre a Constituição, agora em seu art. 199, § 1º, ao tratar da preferência à participação no *Sistema Único de Saúde* (*SUS*) alude a todas.

IVd- Conjugados, estes indicativos levam à conclusão de que as instituições assistenciais e educacionais, sem fins lucrativos, bem como as entidades beneficentes de assistência social, não se confundem com as instituições filantrópicas, embora todas complementem, de modo economicamente desinteressado, o agir do Estado.

V- Na realidade, as instituições de educação e de assistência social, sem fins lucrativos, e as entidades beneficentes de assistência social são o gênero, do qual as instituições filantrópicas são as espécies. Todas elas são tributariamente imunes, se cumprirem os requisitos do art. 14, do *CTN*, mas apenas as instituições filantrópicas podem receber dinheiros públicos ou, na dicção constitucional, "*apoio financeiro do Poder Público*", se preencherem requisitos adicionais, apontados em leis ordinárias e obtiverem, com base nelas, *certificados*.

VI- Tal circunstância, porém, não conduz à conclusão de que apenas as instituições filantrópicas gozam das imunidades dos arts. 150, VI, *c* e 195, § 7º, da Constituição Federal; tampouco, que, para desfrutarem de tais desonerações, as instituições de educação e de assistência social, sem fins lucrativos, e as entidades beneficentes de assistência social precisam, também elas, cumprir os requisitos apontados na legislação ordinária, como o de prestar serviços totalmente gratuitos.

VII- Portanto, as imunidades tributárias dos arts. 150, VI, *c* e 195, § 7º, da Constituição Federal, alcançam todo o gênero (as instituições de educação e de assistência social, sem fins lucrativos, e as entidades beneficentes de assistência social) e, não, apenas, a espécie *instituições filantrópicas*.

VIIa- Noutras palavras, não ser instituição filantrópica, não retira as imunidades das instituições de educação e de assistência social, sem fins lucrativos, e das entidades beneficentes de assistência social, que cumprem os requisitos apontados no art. 14, do *CTN*.

VIII- Definitivamente, a versão de recursos públicos, nos termos do art. 213, da Constituição Federal, para entidades confessionais, comunitárias e filantrópicas, não ilide, tampouco prejudica, as imunidades tributárias a que têm direito as instituições educacionais e assistenciais, sem finalidade lucrativa, bem como, as entidades beneficentes de assistência social, que atendem ao disposto no art. 14, do *CTN*.

REFERÊNCIAS[260]

ABBAGNANO, Nicola. *Dicionário de Filosofía*, trad. de Alfredo Bosi e Ivone Castilho Benedetti, São Paulo, Martins Fontes, 2003.

ALEXANDRINO, José de Melo. *Direitos Fundamentais: Introdução Geral*. Estoril, Princípia, 2007.

ALEXY, Robert. *Teoría de los Derechos Fundamentales*, trad. de Ernesto Garzón Valdés. Madrid, Centro de Estudios Constitucionales, 1993.

AMARO, Luciano da Silva. "*Algumas Questões sobre a Imunidade Tributária*", *in* MARTINS, Ives Gandra da Silva (coord.). *Imunidades Tributárias*. São Paulo, Centro de Extensão Universitária/Editora Revista dos Tribunais, 1998, pp. 143 a 151.

ANDRADE, José Carlos Vieira de. *Os direitos fundamentais na Constituição Portuguesa de 1976*, Livraria Almedina, Coimbra, 1998.

ARISTÓTELES. "Ética a Nicômaco", tradução de Leonel Vallandro e Gerd Bornheim, da versão inglesa de W. D. Ross, *in Os Pensadores*, São Paulo, Abril Cultural, 1979.

ATALIBA, Geraldo. *Hipótese de Incidência Tributária*. 6ª ed., 11ª tir. São Paulo, Malheiros Editores, 2010.

---

260. Incluímos apenas as obras citadas ou aludidas no texto.

___________. "*Imunidade de Instituições de Educação e Assistência*", *in Revista de Direito Tributário*, vol. 55.

___________. *República e Constituição.* 2ª ed. São Paulo, Malheiros Editores, 1998; 3ª ed. atualizada por Rosolea Miranda Folgosi; 2011.

___________. *Sistema Constitucional Tributário Brasileiro.* 1ª ed. São Paulo, Editora Revista dos Tribunais, 1966.

ÁVILA, Humberto. *Teoria dos Princípios – da definição à aplicação dos princípios* jurídicos. 7ª ed. São Paulo, Malheiros Editores, 2007; 18ª ed., 2018.

BALEEIRO, Aliomar. *Direito Tributário Brasileiro* (atualização de Misabel Derzi). 11ª ed. Rio de Janeiro, Forense, 1999.

___________. *Limitações Constitucionais ao Poder de Tributar* (atualização de Misabel Derzi). 8ª ed. Rio de Janeiro, Forense, 2010.

BARRETO, Aires Fernandino. *Curso de Direito Tributário Municipal.* São Paulo, Saraiva, 2009.

_________. e BARRETO, Paulo Ayres. *Imunidades Tributárias: Limitações Constitucionais ao Poder de Tributar.* São Paulo, Dialética, 1999.

BASTOS, Celso Ribeiro. "*Imunidade Tributária*", *in Imunidades Tributárias*, coordenador Ives Gandra da Silva Martins, São Paulo, Revista dos Tribunais e Centro de Extensão Universitária, 1998.

BECHO, Renato Lopes. *Lições de Direito Tributário.* 3ª ed. São Paulo, Saraiva, 2015.

BECKER, Alfredo Augusto. *Teoria Geral do Direito Tributário.* 2ª ed. São Paulo, Saraiva, 1972.

BERGSON, Henry. "*A consciência e a vida*", in *Os pensadores – Bergson*, trad. de Franklin Leopoldo e Silva, Abril Cultural, São Paulo, 2ª ed., 1979.

BOBBIO, Norberto. *Teoria do Ordenamento Jurídico*. trad. de Maria Celeste Cordeiro Leite dos Santos. 6ª ed. Brasília, Polis/UnB, 1995.

BORGES, José Souto Maior. *Isenções Tributárias*. 1ª ed. São Paulo, Sugestões Literárias, 1969.

__________. *Teoria Geral da Isenção Tributária*. 3ª ed. São Paulo, Malheiros Editores, 2011.

BROGLIO, Francesco Margiotta. "*Liberté Religieuse et Relations entre Etats et Eglises*", *in Las Relaciones entre la Iglesia y el Estado – estudios em memoria del Profesor Pedro Lombardia*. Navarra, Editoriales de Derecho Reunidas, 1989, pp. 183 a 195.

CANOTILHO, José Joaquim Gomes. *Constituição Dirigente e Vinculação do Legislador*, Coimbra, Coimbra Editora, 1994.

CARNAP, Rudolf. "*Testabilidade e Significado*", trad. de Pablo Rubén Mariconda, in *Os Pensadores*, Abril Cultural, São Paulo, 1980.

CARRAZZA, Roque Antonio. *Curso de Direito Constitucional Tributário*. 34ª ed. São Paulo, Malheiros Editores, 2023.

__________. *Imposto sobre a Renda (perfil constitucional e temas específicos)*. 3ª ed. São Paulo, Malheiros Editores, 2009.

__________. *O Sujeito Ativo da Obrigação Tributária*. São Paulo, Ed. Resenha Tributária, 1977.

CARVALHO, Paulo de Barros. *Direito Tributário, Linguagem e Método*. 3ª ed. São Paulo, Noeses, 2009.

CICERO, Marco Túlio. *De finibus*, III, 6, 20.

COÊLHO, Sacha Calmon Navarro. *Curso de Direito Tributário Brasileiro*. 9ª ed. Rio de Janeiro, Forense, 2006.

COSTA, Regina Helena. *Imunidades Tributárias – teoria e análise da jurisprudência do SFF*. 2ª ed. São Paulo, Malheiros Editores, 2001; 2ª ed., 2006.

DE LA CALLE, Motilla. *Los Acuerdos Entre el Estado y las Confesiones Religiosas en el Derecho Español.* Barcelona, Bosh, 1985.

PARIEU, Felix Esquirou de. *Traité des impots: consideres sous le rapport historique, économique et politique en France et a l'étranger*, Tome Premier, Librairie de Guillaumin et Cie, Paris, 1ª ed., 1862.

DE PLÁCIDO E SILVA. *Vocabulário Jurídico.* 3ª ed., vols. III e IV. Rio de Janeiro, Forense, 1991.DÉGANO, Isidoro Martín, *El régimen tributario de las confesiones religiosas y de SUS entidades en el derecho español.* Madrid, Monografia Ciências Jurídicas, McGraw-Hill, 1999.

DEL GIUDICE. *Nociones de Derecho Canónico.* Pamplona, 1955.

DERZI, Misabel. *"A Imunidade das Instituições de Educação ou de Assistência Social"*, *in Imposto de Renda – Alterações Fundamentais*, 2º vol., São Paulo, Dialética, 1998.

__________. *Notas de Atualização* ao livro *Limitações Constitucionais ao Poder de Tributar*, de Aliomar Baleeiro. 8ª ed. Rio de Janeiro, Forense, 2010.

FAGUNDES, Miguel Seabra. *O Controle dos Atos Administrativos pelo Poder Judiciário.* 3ª ed. Rio de Janeiro, Forense, 1957.

FERRAZ JR., Tercio Sampaio. *Introdução ao Estudo do Direito: técnica, decisão, dominação.* 4ª ed. São Paulo, Atlas, 2003.

FIGUEIREDO, Lúcia Valle. *Curso de direito administrativo.* 7ª ed. São Paulo, Malheiros Editores, 2004.

GALLO, Franco. *"Il soggetti del libro primo del códice civile e l'Irpeg: problematiche e possibili evoluzioni". Rivista di Diritto Tributario* nº 4, 1993.

GARCÍA-QUINTANA, Albiñana. "*La financiación de las Iglesias*". REDF nº 14, 1977.

GRECO, Marco Aurélio. "*COFINS e PIS – preço dos serviços de telecomunicação e ausência de repasse jurídico ao consumidor*", *in* Revista Dialética de Direito Tributário, nº 85, São Paulo, pp. 131 a 145.

__________. "*Imunidade Tributária*", *in* MARTINS, Ives Gandra da Silva (coord.). *Imunidades Tributárias*. São Paulo, Centro de Extensão Universitária/Editora Revista dos Tribunais, 1998.

GUASTINI, Riccardo. *Le fonti del Diritto e l'interpretazione*. Milano, Dott. Giuffrè, 1993.

__________. *Teoria e Dogmática delle Fonti*. Milano, Dott. Giuffrè, 1998.

HART, Herbert. El Concepto de Derecho. Trad. de Genaro Carrió. México, Editora Nacional, 2ª ed. (reimpressão), 1980.

HENSEL, Albert. *Diritto Tributario*. Trad. de Dino Jarach. Milano, Dott. Giuffrè Editore, 1956.

HORVATH JR, Miguel. "A legislação previdenciária e os ministros religiosos", in http://www.professoramorim.com.br/amorim/dados/anexos/379.doc.

HOSPERS, John. *Introducción al Análisis Filosófico*, t. 1, Abeledo Perrot, Buenos Aires, 1966.

LARENZ, Karl. *Metodologia da Ciência do Direito*, trad. de José Lamego. 3ª ed. Lisboa, Fundação Calouste Gulbenkian, 1997.

LOMBARDIA, Pedro e ARRIETA, Juan Ignacio. Código de Direito Canônico Anotado, trad. de José A. Marques. 2ª ed. Braga, Edições Theologica, 1997.

MARÍN-BARNUEBO FAVO, Diego. *Presunciones y técnicas presuntivas en Derecho Tributario*. Madrid: McGraw-Hill, 1996.

MARINHO, Josaphat. "*Princípios Constitucionais Tributários*". *Estudos de Direito Público em Homenagem a Aliomar Baleeiro*. Brasília, Editora Universidade de Brasília,1976.

MARTINS, Ana Maria Guerra. *Direito Internacional dos Direitos Humanos*. Coimbra, Editora Almedina, 2006.

MARTINS, Ives Gandra da Silva. "Álcool, tolerância zero e Constituição", *in Diário do Comércio*, ed. de 5.2.2013.

__________. "*Imunidades condicionadas e incondicionadas – inteligência do Art. 150, Inciso VI e § 4º e Artigo 195, § 7º, da Constituição Federal*", *in Revista Dialética de Direito Tributário* nº 28. São Paulo, Dialética, pp. 68 a 83.

__________. "*Tratado Brasil-Santa Sé – Constitucionalidade do Artigo 11, § 1º, do Decreto nº 7.107/2010 em Face do Artigo 210, § 1º, da Constituição Federal e do Artigo 33 da Lei de Diretrizes e Bases da Educação – Parecer*", *in Revista Síntese Direito Administrativo* nº 74, Fevereiro de 2012, pp. 205 a 220).

__________. "*Títulos de Capitalização, cuja Comercialização por Entidades de Assistência Social sem Fins Lucrativos, tem os Resultados, Deduzidas as Despesas, Destinados exclusivamente a seus Objetivos Sociais – Imunidade Tributária das Receitas*", *in Revista Dialética de Direito Tributário* nº 215. São Paulo, Dialética, pp. 180 a 197.

MAXIMILIANO, Carlos. *Comentários à Constituição Brasileira de 1946*. 5ª ed., vol. I. Rio de Janeiro, Freitas Bastos, 1954.

MELO, José Eduardo Soares de. *A importação no Direito Tributário*. São Paulo, Ed. Revista dos Tribunais, 2003.

MEIRELLES, Hely Lopes. *Direito Administrativo Brasileiro*. 34ª ed. São Paulo, Malheiros Editores, 2008.

MICHELI, Gian Antonio. *Corso di Diritto Tributario*. 1ª ed., Torino, UTET, s/d.

MONTAIGNE, Michel de. *Ensaios*, trad. de Sérgio Milliet, *in Os Pensadores*, São Paulo, Abril Cultural, 1980.

MORI, Matteo de, *Il Tributo Ecclesiastico nella Normativa Codiciale Attuale*. Roma, Pontificium Athenaeum Antonianum, Facultas Iuris Canonici,1997.

NOGUEIRA, Ruy Barbosa. *Imunidades – Contra Impostos na Constituição Anterior e sua Disciplina Mais Completa na Constituição de 1988*. 2ª ed. São Paulo, Saraiva, 1992.

PONTES DE MIRANDA, F. C. *Comentários à Constituição de 1967 com a Emenda n. 1 de 1969*. 1ª ed., 2ª tir., t. II. São Paulo, Ed. Revista dos Tribunais, 1973.

SAMPAIO DÓRIA, Antônio Roberto. "*Imunidades tributárias e impostos de incidência plurifásica, não cumulativa*", *in Revista de Direito Tributário* nº 5, pp. 69/70.

"*O SÃO PAULO*", jornal da Arquidiocese de São Paulo, na edição de 31.12.2022.

SCHOUERI, Luís Eduardo. *Contribuição ao Estudo do Regime Jurídico das Normas Tributárias Indutoras como Instrumento de Intervenção sobre o Domínio Econômico*. Tese de titularidade. São Paulo, Faculdade de Direito da USP, 2002.

____________. *Direito Tributário*. Editora Saraiva, São Paulo, 2011.

SELIGMAN. Edwin Robert Anderson. *Théorie de la Répercussion et de l'Incidence de l'Impôt*. Trad. francesa de Louis Suret. Paris. V. Giard & E. Brière,1910.

SINGER, Reinhard. "*Direitos Fundamentais no Direito do Trabalho*", trad. de Pedro Scherer de Mello Aleixo, *in Direitos Fundamentais e Direito Privado – Uma Perspectiva de Direito Comparado*, Coimbra, Almedina, 2007.

TELLES JR., Goffredo da Silva. "*O Chamado Direito Alternativo – Interpretação Razoável*", *in Revista da Faculdade de Direito da Universidade de São Paulo*, nº 94/79, São Paulo, 1999.

TORRES, Heleno Taveira. "*Imunidade Tributária e Tributos 'Indiretos'*" *: O caso das entidades de saúde*, *in Estudos de Direito Tributário em homenagem ao Professor Roque Antonio Carrazza*, vol. I. São Paulo, Malheiros Editores, 2014, pp. 245 a 308.

_________. "*Teoria da norma de imunidade tributária e sua aplicação às instituições de educação*", *in Direito Tributário e Ordem Econômica*. São Paulo: Quartier Latin, 2010, p. 164.

TORRES, Ricardo Lobo. *Os Direitos Humanos e a Tributação – Imunidades e Isonomia*. Rio de Janeiro, Renovar, 1995.

WITTGENSTEIN, Ludwig. *Investigações Filosóficas*. Tradução de José Carlos Bruni, *in Os Pensadores*, São Paulo, Abril Cultural, 1979.